THE HISTORIAN'S
CRAFT

历史学家的技艺

[法] 马克・布洛赫 / 著
张和声 程 郁 / 译

上海社会科学院出版社

马克·布洛赫

Marc Bloch（1886—1944），年鉴学派创始人之一，法国犹太裔史学大师。主要著作包括《法国农村史》《封建社会》《历史学家的技艺》等。1943年布洛赫在法国里昂参加抵抗运动，1944年6月被德国法西斯杀害。

目 录

译者的话

武士弄墨，尚可附庸风雅，学者扛枪，只能归咎于命运的残酷。1944 年 6 月 16 日，年鉴学派的一代宗师马克·布洛赫因参加反法西斯运动在里昂市郊被枪杀，噩耗传出，西方历史学界为之震惊。

布洛赫并非著作等身的历史学家，而屈指可数的几部专著，如《法国农村史》《封建社会》等，都堪称别开生面的扛鼎之作。第二次世界大战初期，法国便沦入敌手，在这极其困苦的时刻，布洛赫开始了此书的写作。在此书的卷首，他痛苦地写道："国难当头，谁不感时伤世，草此小书，聊以排遣胸中的忧愤。"这是一部愤世之作，同时也是他一生史学思想的总结，可惜，书未杀青，作者却赍志而殁了。战后，布洛赫的好友费弗尔将残存的遗稿整理成书，这部遗作方流传于世。该书译成汉语仅 10 万余言，其中颇多精义，为后代年鉴学派发扬光大的总体史思想、长时段理论等均可在此找到源头，为此，有人将它称为"年鉴派历史学的宣言书"。用他本人的话来说："我所呈献给读者的，只不过是一位喜欢推敲自己日常工作的手艺人的工作手册，是一位技工的笔记本，他长年摆弄直尺和水准仪，但绝不至于把自己想象成数学家。"话虽出于自谦，可也使人感到亲切，书中没有令人望而却步的理论体系，只是些娓娓道来的治史心得。

为历史学辩护

一门学科的存在需要辩护足见其地位之不妙。“历史有什么用?”布洛赫曾遭到其幼子的质问，法国沦陷后，他的一位同事也发出类似的感慨。的确，当昔日的价值观已被无情地抛弃，当人们一再无视历史的教训之时，历史又有什么用呢？作为一个以治史为天职的学者，布洛赫力图在书中回答这个问题。

作者认为，历史自有其独特的美感，它千姿百态，令人销魂，历史学以人类活动作为特定的对象，它思接千载，视通万里。至少，历史具有娱乐的价值，大而言之，整个西方文明又都与它息息相关。一般来说，单纯的爱好往往先于对知识的渴求，历史自身的魅力引起人们的兴趣，继而激发人们进行深入的探讨，而系统严谨的研究展开之后，其魅力也并不会因此大为逊色，真正的历史学家都能证明，无论研究进行到何种深度，都可以感受到这种魅力。但是，这一魅力并不能成为历史学存在的唯一理由。因为，卖弄学问并不是知识分子所应追求的东西，绝不能像打桥牌那样来“玩”历史。尽管这个可悲的世界可以为科技的进步而自豪，却没有为人类自身创造多少幸福，“当今之世已不容纯粹的娱乐，哪怕它是有益心智的娱乐”。如果一门科学最终不能改善人们的生活，其形象就会显得不那么完美。而且，这一点更使历史学家受到特殊的压力，因为，历史学的主题正是人类本身及其行为。历史研究的最终目的显然在于增进人类的利益。人们几乎本能地要求历史指导现实行动，因此，一旦历史在这方面无能为力，他们就会感到愤慨，就会斥历史为“无用”。但是，“历史的‘用途’（指严格的实用意义上的‘用途’一词），不应与严格意义上的历史学的理智合法性混为一谈”。确实，历史学无法提供解救燃眉之急的锦囊妙计，也不是包医百病的灵丹妙药。然而，何为“有用”，何为“无用”？“无用”之物往往有

大用，但在急功近利者的眼中也无非是屠龙之术而已。可见，历史学受到冷遇也是不难理解的了。

布洛赫指出，即使历史学不具备任何实用的功能，它也有充分的理由跻身科学之列，但就目前而言，“这位知识领地的新到者尚处于摇篮之中”。虽然，历史学已存在千年之久，但长期以来以政治、军事重大事件为内容的叙述史始终是历史学的主流。进入19世纪之后，实证主义思潮独步一时，历史学也迷恋于孔德有关自然科学的观念，人们似乎认为，若不能最终提出如同几何学一般精确的公式，就算不上真正的科学。为此，布洛赫提醒人们，要防止近代以来习以为常的学问和经验主义的滥用，即使一门学科不具备欧几里得式的论证或亘古不易的定律，也无损其科学的尊严，一成不变的思想模式原是从自然科学那里引进的，没有必要再把它强加给每一门学科，因为，即使在自然科学界，这种模式也不再通行无阻了。作为一门注重理性分析的科学，历史学还十分年轻，“在一系列最为关键的方法问题上，历史学尚未超出初步的尝试性摸索阶段”，尽管如此，历史学没有必要舍弃自身的特色，更不必因其特色而自惭形秽，历史学的不确定性正是历史学存在的理由，它将展示不断更新的历史研究的前景，只要不懈地努力实现自身的价值，历史学的不完善性与完美无瑕的成功都同样是富有魅力的。对真正的历史学家来说，耕耘时的喜悦未必亚于收获时的欢欣。

由古知今、由今知古

要了解现实就必须超越现实，要探讨历史亦不可囿于历史。古今之间的关系是双向的，对现实的曲解往往源于对历史的无知，而对现实漠然无知的人，要了解历史也必定是徒劳无功的。布洛赫一再强调，“历史学家必须与全部生活之源泉——现在——保持不断的接触”。书中记载了比利时历史学家皮雷纳的一桩逸

事。在斯德哥尔摩游览时，皮雷纳主张先参观新落成的市政大厅，面对同行惊愕的目光，他解释道："如果我是文物收藏家，眼睛就会只盯着那些古老的东西，可我是个历史学家，我热爱生活。"对此，布洛赫大为赞赏，他认为，正是这种要求理解生活的欲望反映出历史学家最基本的素质。出色的历史学家无不具备这种素质，尽管有时他们在表面上显得有些冷漠。一位伟大的数学家，并不因其对现实的懵然无知而有所减色；而一位历史学家，若对周围有血有肉的现实生活漠不关心，那么，"应该称之为古董迷，他还是明智一点，不要自称历史学家为好吧"。此一语正中要害。校园中的学子常戏称历史系的师生为"出土文物"，历史学的圈内人也怡然以"老夫子"自居，殊不知这正是对历史学的误解。有人说，书斋就是历史学的实验室，而治史的灵感有时偏偏来自现实的启示。历史感的培养并非总是局限于历史本身，当今的知识、现实的生活往往以一定的方式更直接地帮助人们了解历史。作者感慨地说，尽管在史著中他多次描绘过战争的场面，但直到亲身经历了第一次世界大战之后，才谈得上真正理解"战争"的含义。汤因比自幼便熟读古希腊的历史著作，直到第一次世界大战爆发，身处于那种曾激发修昔底德秉笔著史的转折点，他才对修昔底德的《伯罗奔尼撒战争史》有了全新的领悟，深感古人先得我心，从而萌发撰写《历史研究》的志向。陈寅恪先生也有类似的描述："寅恪侨寓香港，值太平洋之战，扶疾入国，归正首丘……回忆前在绝岛，苍黄逃死之际，取一巾箱坊本《建炎以来系年要录》，抱持诵读，其汴京围困屈降诸卷，所述人事利害之回环，国论是非之纷错，殆及世态诡变之至奇。然其中颇复有不甚可解者，乃取当日身历目睹之事，以相印证，则忽豁然心通意会。平生读史四十年，从无此亲切有味之快感，而死亡饥饿之苦，遂亦置诸度量之外矣。"（《陈述辽史补注序》）

由今可以知古，布洛赫因此提出"倒溯"的历史研究法。他

指出，人们以为学者考察历史的顺序与事件发生的先后是完全一致的，而这其实是一种误解。虽然学者事后会按历史发展的实际方向来叙述史实，但在着手研究时，则往往是由近及远倒溯而上的。因为，任何研究工作，其自然步骤通常都是从已知推向未知的。“为了阐明历史，历史学家往往得将研究课题与现实挂钩……只有通过现在才能窥见广阔的远景，舍此别无他途。当然，这并不意味着要把永远静止不变的景象强加给每个阶段，历史学家所要掌握的正是它在每个阶段中的变化。但是，在历史学家审阅的所有画面中，只有最后一幅才是清晰可辨的，为了重构已消逝的景象，他就必须从已知的景象入手，由今及古地伸出掘土机的铲子”。读到这里，不禁使人想起马克思那句至理名言：“人体解剖对于猴体解剖是一把钥匙。”无怪乎，早在20世纪40年代，布洛赫就说过要把马克思的塑像奉入革新派历史学的先贤堂。

由今知古的目的还是由古知今。“前事不忘，后事之师”之类的教诲早已被人说滥了，值得注意的倒是一种似是而非的观点，它认为历史距今愈近愈有教育意义，愈远则价值愈低。布洛赫一针见血地指出：这等于把人类演进过程视为一系列突发事件的组合，忽视了许多牵制社会发展的惰性力量，事实上，那些广泛而持久的发展所造成的强烈震荡完全可能是由古及今的。社会思潮的波动、技术的更新、社会经济结构的变化，是左右人类命运的潜在因素，它对历史的影响绝不亚于一次政变或战争，历史上最深层的东西往往是最确凿无疑的。“为了正确把握当今世界，我们必须了解清教运动和天主教改革，又想了解那些距今不远却转瞬即逝的思潮和情感，几百年过去了，然而，谁敢断言对现实来说前者的重要性远远低于后者呢？”同样，对当今国人来说，孔子的影响未必亚于雷锋，我们从古代史籍中所获得的启示也绝不少于近现代的某些论著。时间的远近不能成为衡量历史价值的

标准，正如不能因为月亮较近就断言它对地球的影响比太阳还大一样。对历史作实用主义的裁断，实质上是对历史学变相的轻视。

由古知今，由今知古，古今参照，相得益彰，过去与现在之间并没有绝对的界限，历史研究可以分成各种专业，但切忌画地为牢。布洛赫认为，若囿于一隅之见，“即使在你的研究领域内也只能得出片面的结论”，而“唯有总体的历史才是真历史”。总体史的思想也是针对实证主义历史学见木不见林的倾向而发的。以阅读为例，只有通过上下文才能确切地理解某个词的含义，只有抓住全文的主旨才能掌握某章某节的论点，同样，对全局的把握有助于对局部研究的深入，反之亦然。布洛赫提出的总体史思想，经第二代年鉴学派历史学家的发扬光大，大大拓宽了历史学的领域。然而，“求尽则尽无止境，责实则实无定指”（钱钟书《史传通说序》），第三代年鉴派历史学家却对宗师的思想提出了质疑，“总体史显然是没有意义的，它是一种愿望，标志着一个方向”，只是“一种不明智的雄心”。可是，若无当年布洛赫的大胆设想，就很难想象会有年鉴派历史学的累累硕果。总体史(Universal History)也未尝不可译成通古今之变的“通史”。事实上，大处着眼，小处着手，宏观与微观的结合正是当今历史学工作者努力的方向。

“有意”的史料与“无意”的史料

布洛赫反对实证主义历史学，但并不轻视史料考证工作，他本人就是一位擅长运用史料的中世纪史专家。他把史料分成“有意”和“无意”两大类，前者指成文的历史著述、回忆录和公开的报道等，这类史料的原作者大都“有意”想以自己的文字左右时人和后人的视听；后者指政府的档案、军事文件、私人信件及各种文物等，这都是当时的人们在无意中留下的证据。前者虽然

具有相当的价值，但在历史研究者看来，后者更为可靠。若仅仅依靠“有意”的史料，当代历史学家就会成为前人思想的奴隶，成为旧时代偏见的牺牲品。中世纪史专家就会得出农村公社无足轻重的结论，因为当时的作家很少谈及农村公社；现代人就可能忽略中世纪强大的宗教势力，因为在当时的文献中这类记载所占的位置远远不及贵族战争。总之，注重无意的史料可以帮助后人考辨历史的真伪，填补历史的空白。当然，并不等于说这类史料是完全可靠的，但至少其制造者在主观上并未想到欺骗世人或影响后代历史学家的看法。

一个时代也如同一个人，并不愿把自己及祖先的隐私全部抖搂出来，它有意将精心粉饰的形象公之于世，史官便是它的代言人。这就为后人了解历史真相设下层层雾障，留下了种种千古之谜。随着历史学的进步，历史学家已日益注重“无意”的史料，自觉地抵制“有意”史料的束缚。

布洛赫相当重视史料的辨伪正误，本书就专辟一章探讨史料的考证，其中既有对考据学历史的纵览，也有对考据方法具体而微的论述。布洛赫认为，长期以来，史著的编纂者与考据学家似乎各行其道，前者蔑视后者的烦琐，后者又嘲笑前者的空疏。他进而指出，一方面，将史料整理与史书编纂完全割裂开来会给历史学带来双重的危害，轻视史料考证与“求实”这一历史学基本准则相悖，使历史学难以推陈出新；另一方面，把手段当作目的，为考证而考证则无非是虚掷光阴的博学游戏。仅仅考出史料的虚假只不过完成了一半的任务，还必须深入下去，进而揭示人们作伪的动机，其背后必有难言之隐值得进行研究，这样，就可能得出一些全新的结论。况且，即便是伪造的史料也不是一无所取的。如中世纪作家曾撰写了大量的“使徒行传”，其中不乏子虚乌有之事，但是，若把这些材料作为反映作者所处时代的生活和思想资料来利用的话，其价值就无与伦比了。这又使人想起陈

寅恪先生的一段精彩论述："然真伪者，不过相对问题，而最要在能审定伪材料之时代及作者而利用之。盖伪材料亦有时与真材料同一可贵。如某种伪材料，若径认为其依托之时代及作者之真产物，固不可也；但能考出其作伪时代及作者，即据以说明此时代及作者之思想，则变为一真材料矣。"（《冯友兰〈中国哲学史〉审查报告》）所谓史识，正在于能独具慧眼，发现前人所不愿透露的东西，化腐朽为神奇。诚如布洛赫所言，"尽管历史学只能通过昔日的'轨迹'来了解过去，我们对过去的了解还是要比它本身愿意告诉我们的更多些，这才是我们的成功之处，确切地说，这是精神对物质的辉煌胜利"。同时，他不无愤慨地指出，当今之世，弄虚作假、造谣惑众之事盛行不衰，公众对宣传媒介的不信任，竟使口耳相传这一古老的信息传递方式得以奇迹般地复活，如今，"在学校的课程中居然没有考据学的一席之地，实在令人感到可耻"。这真是书生之见，区区考据学又岂能阻止世人的弄虚作假呢！

年鉴派历史学与实证主义历史学的根本区别在于前者强调带着问题去研究历史，后者则推崇"史料即历史学"的观点。布洛赫指出，任何人研究历史都是有目的的，开始时肯定有一种指导思想，对一个新手的劝告最糟莫过于劝他耐心地在文献中寻找灵感，因为消极的考察绝不会对科学有所贡献。"一份文献如同一个见证人，正像大多数见证人那样，只有在面对提问之时，他们才会予以说明"。如"电气化"对人类历史的意义远远大于某些政治事件，但历史学界对此视若无睹，其原因并非缺乏这方面的资料，而是历史学家根本就没去碰这些资料，该责怪的应是历史学家自己。另一位年鉴学派大师费弗尔说得更为明确："提出问题是所有历史学研究的开端和终结，没有问题便没有历史学。"如今，以"问题历史学"为指导思想的史著已蔚为大观，这不能不使人叹服布洛赫等年鉴派先驱的远见卓识。

以兰克为代表的实证历史学曾高举“如实直书”的大旗，为历史学的进步做出了不可磨灭的贡献，年鉴学派是作为兰克学派的对立面出现在西方史坛上的，需要指出的是，他们反对实证主义的历史学思想，但并不全盘否定史料的考证，矛头指向那种把史料等同于史学的唯历史的历史观。布洛赫等人的史学实践表明，他们对史料的重视和运用史料的能力绝不亚于前一代历史学家。可见，他们对兰克学派的批判是一种“扬弃”，也正是在这个意义上，年鉴学派才标志着西方历史学的进步，反之，若是导致轻视史料、大发空论的批判，就难免使人发出今不如昔的感叹。

评判还是理解？

“入史局须手硬”，故常把史家喻为法官。不畏权势的法官自古少见，刚正不阿的史官亦屈指可数，但其威风又何其相似，魏收就曾以掌有“举之则使上天，按之则使入地”的史笔而自傲。这种心态并非东方人所独有，布洛赫就指出，长期以来，历史学家就像阎王殿里的判官，对死人任情褒贬。人总是希望像上帝那样判定此为善、彼为恶，史家在裁断死人的是非时更是下笔无情。他提醒人们注意，褒贬前人要比理解他们容易得多，对历史事件来龙去脉的探索，要比简单的定性论断难度更大，“我们对自己、对当今世界也未必十分有把握，难道就这么有把握为前辈判定是非善恶吗?”空洞的评判，然后又是空洞的翻案，给历史学蒙上一层反复无常的外表，败坏了历史学的声誉。将一个人、一个集团、一个时代的相对标准绝对化，并据此评判历史人物的功过，只能得出荒唐的结论。

“‘理解’才是历史研究的指路明灯”，而脱离特定的历史环境，就难以理解任何历史现象，“正如古老的阿拉伯谚语所言，‘与其说人如其父，不如说人酷似其时代’，无视这东方的智慧，

历史研究就会失真”。历史学家真该放下假天使的架子，少一点评判，多一分理解，对古人表一种同情。

在喧嚣嘈杂的名利场中，在你死我活的人生舞台上，历史学家要求“理解”的呼声是多么微弱啊！当法西斯的铁蹄步步逼近之时，布洛赫预感到已无法用笔来为历史学辩护了，终于，他拿起了枪，结果，他死于枪弹。本来他有机会亡命英美，或许他可以袖手旁观，独善其身，那样的话，可能会写出更多的传世之作，对此，人们惋惜不已。有人曾强调“学者以学术为生命”，这固然是学者神圣的选择，也未尝不可作为苟且偷生的遁词。《麦田里的守望者》中那位老于世故的教师曾言：“一个不成熟男子的标志是他愿意为某种事业英勇地死去，一个成熟男子的标志是他愿意为某种事业卑贱地活着。”不错，但更多的成熟男子只是为了活着而卑贱地活着。生亦吾所欲，义亦吾所欲，布洛赫做出了自己的选择，我们应该“评判”还是“理解”呢？

“历史有什么用？”布洛赫的回答基本上是乐观的，但诚如他在导言中所言：“当一个年迈的工匠扪心自问，花一生的精力从事这个行当是否值得之时，他心中难道不会产生一丝困惑吗？”布洛赫心中的困惑，也未尝不是古往今来许多史学大师心中的困惑。“愁极本凭诗遣兴，诗成吟诵转凄凉”。历尽风霜才谈得上看破红尘，饱读诗书才有资格说读书无用，也只有以历史学为天职的学者发自内心的疑问——历史有什么用？——才是最为深沉的。

1991 年 12 月于上海师大 11 宿舍

献给吕西安·费弗尔

国难当头，谁不感时伤世？草此小书聊以排遣心中的忧愤。如果此书能够完成，如果它值得后人一读，如果有朝一日它居然能够出版，我的朋友，或许你将在扉页的献辞上发现另一个人的名字，而不是你的名字。欲言又止，只因似水柔情至深至圣，非言辞所能道明。你猜得出那该是谁，但我怎能听任自己在注释中偶尔提及你的大名呢？长期以来，我们曾共同致力于拓宽历史学的领域，为了使历史学更富有人性而并肩努力。今天，这项共同的事业已岌岌可危，这不是我们的过错，而是不公正的命运迫使工作中断。但我坚信，我们定能自由公开地再度合作，这一天终将到来。同时，在我看来，合作仍在继续，在本书的字里行间，到处能感觉到你的存在。当年，我们切磋探讨，推诚相见，真是获益匪浅，本书仍将体现这种活泼而和谐的韵味。书中确有一些看法是直接取自你，坦率地说，还有许多论点已记不清是你的还是我的，或许是两人共有的。我自以为你会赞同我的做法，或许你会因此责备我，然而，无论是赞同还是责备，那也是你我之间的又一层缘分。

1941 年 5 月 10 日　写于富葸尔（克勒兹）

有关本书手稿的一点说明

吕西安·费弗尔

要将一部尚未杀青的手稿整理出版绝非易事。虽然其中一部分已交给打字员处理，显然这部分书稿经过作者最后的润色，已准备付梓，但承担这项任务时我还是顾虑重重。然而，本书得以问世所带来的喜悦已足以抵消那些顾虑。尽管该书有些残缺，但仍不失为一部扛鼎之作。

马克·布洛赫和我一样，一直希望能将自己的史学思想梳理成书。我时常不无遗憾地想到，在我们尚有时间的那些日子里，本该互相合作，为年轻的历史学家写一部像朗格罗瓦和瑟诺博斯那样的《历史研究法导论》，但那会是一部新的“导论”，将体现一种与前辈迥然不同的史学思想，它将是我们这一代历史学家的宣言书。可惜，已经太晚了！然而，当战争使布洛赫无法从事正常研究时，他却孤军奋战力图实现我俩反复探讨过的这个计划。

“奇怪战争”时期，布洛赫在阿尔萨斯任军事参谋，当时闲得无聊，心情又十分焦虑，某一天，他在一家小店买了一本学生用的笔记本。第一次世界大战时，比利时历史学家亨利·皮雷纳曾被关押在德国的一个小村庄里，他就是用这种笔记本写了一部欧洲史。布洛赫在笔记本的第一页写上书名：

《欧洲文明结构中的法国社会史》

在后面几页，他写了如下献辞：

献给亨利·皮雷纳，他曾在铁窗内撰写了一部欧洲史。此时此刻，他的祖国和我的祖国正在为正义与文明并肩战斗。

按照他的写作习惯，布洛赫又起草了导言："有关方法的一些反思。"后面还有不少页草稿组成的第一章，题为"欧洲和法国的诞生"。

布洛赫在《奇怪的失败》中谈到当时的情形，正是那些事件使他的《法国社会史》没能继续写下去。可悲的敦刻尔克大撤退之后，他到达伦敦，后来又回到法国的布列塔尼地区，就在那时，他着手本书的写作，具体是什么时间动笔的，我也说不准。在布洛赫写给我的那段感人至深的献辞末端，有一个较早的日期："1941 年 5 月 10 日写于富惹尔（克勒兹）。"在他的一个文件夹中插有一张纸，上面写道：

工作进程：1942 年 3 月 11 日

1. 写作，为了完成第四章，普遍性，各大文明，读书。

2. 继续第五章。（变化、经验）

后来，布洛赫确实有时间写完第四章，并开始写第五章，第五章的标题还没定，仅此而已。

要是布洛赫写成了这本书，那又会是怎么样呢？在我所掌握的手稿中没有发现该书的详细提纲，或者说，我只找到一份动笔

前的写作构思，其内容与他实际上所遵循的写作计划差别极大。原设想写7章，标题分别为：

1. 历史认识：过去与现在
2. 历史的考察
3. 历史的分析
4. 时间与历史
5. 历史的经验
6. 历史的解释
7. 历史的预见

布洛赫准备在结论中论述“历史在国民教育中的作用”，还打算写一篇题为“历史教学”的附录。

不应过分强调这个设想与实际写作内容之间的差别，如果这一设想中前5章的内容能在现存书的前4章中体现，布洛赫本来会论述“历史的偶然性”“个人的作用”“起决定作用的行为和事实”，最后，至于“历史的预见”可能会占一章的篇幅。由此可见，现在这本书包括了原设想的三分之二以上的内容。在此，不妨把原计划中未完成章的小标题抄录如下：

第六章　历史的解释

绪论：好疑的一代（与科学家）

1. 原因的概念。原因论与（不自觉的）动机论的弊端。浪漫主义与自发性。

2. 偶然性的概念

3. 个人和他不同的价值。附录：时代、非个人的文字证明。历史学仅仅是社会中人的科学吗？人民大众的历史与精英。

4.“决定性的”行为或事实

第七章　论预见

1. 预见，思想的必要性

2. 预见易犯的一般性错误。经济波动、军事史。

3. 在人类事务中预见的悖论：预见对另一种预见的否定，自觉认识的作用。

4. 短时期的预见

5. 规律性

6. 希望与不安

令人极为遗憾的是，布洛赫没能就本书最后一章作出更为精确详尽的论述，本来，那是些最有创见的思想。虽然我熟知他的观点，而且其中也有我的看法，但是我们从来没有在一起探讨过第七章所提出的有关“预见”的问题。布洛赫本来打算以独到的见解对此详加论述，或许，结尾的一章正是最富有独创性的。

为了将本书定稿，我整理了三大卷原稿，每一卷中都有一些已定稿的内容，这些稿子大部分已打印在纸上，其中夹杂着几份布洛赫的亲笔原稿，大多写在已划掉的初稿反面。作为一个整理者，我的工作主要是将这 3 份原稿组成一个定本，尽量收全底本，并参照布洛赫在打印稿中对原稿的修改。对布洛赫的原文，即使在形式上也丝毫不作增补修改，完全保留了原作的风格。

此书本应作些注释，但仅仅发现一两处由原作者写的注释，我们没有权力填补空白。当然，这是一项吃力不讨好的事情，每走一步，都会产生难以解决的问题。

我所提到的 3 本原稿最后都以同样的句子结尾：“总而言之，历史的原因不是想当然的，它需要我们去探索……”

最后，由于本书的献辞和出于对友人的深切怀念，我还得说

几句。

马克·布洛赫在去世之前原打算将他这部著作献给一个人，布洛赫的好友都知道那是谁，她对布洛赫和孩子倾注了一片真诚的爱心，她甘于牺牲自己，为丈夫当秘书，给他助了一臂之力。我感到无论如何都要实现布洛赫的遗愿，而且这也是我应尽的职责。在此，我要写下她的名字——马克·布洛赫夫人。同她丈夫一样，她具有法兰西的信念，为共同的事业献出了自己的生命。

导　言

“告诉我，爸爸，历史有什么用?”

几年前，我十分宠爱的小儿子居然向他身为历史学家的父亲提出这样的问题，但愿本书能够作为我的答案。对一个作者来说，至高无上的评价，莫过于赞扬他对学者和学童都能以同样的口吻说话。然而，“纯真”是何等崇高的境界，臻于此道者实在寥若晨星。当时，我虽未能给那个求知欲极强的孩子以圆满的回答，现在，他的问题却可以作为我的起点。无疑，有人会认为孩子的问题未免太幼稚了，可在我看来，这个质问切中了要害，童言无忌，他的发问恰恰是针对历史学存在的理由而言的。

注意，这样的话，历史学家就必须作出解释，而要作出解释，内心未免有些惶恐不安。一位年迈的工匠扪心自问：花一生的精力来从事这个行当值得吗？这时，他心中难道不会忽然产生一阵疑惑吗？“历史有什么用?”这个问题已远远超越了职业道德之类的枝节问题，事实上，我们整个西方文明都与之有关。

与其他文明不同，我们的文明总是极为关注以往的历史，万事万物都追溯到同一源头——基督教和古典遗产。我们的前贤往哲——古希腊和古罗马人——就擅长撰写历史，基督教就是历史学家的宗教。其他宗教体系的信仰和礼仪都源于接近洪荒时期的神话。基督教的圣书包括：史书、礼仪祀典，还包括上帝的现世

生活情节、教会纪年、使徒行传。从另一种更深的意义来说，基督教是历史性的宗教。基督教将人类命运视为在堕落和最后审判之间的一次漫长的历险。每一个生命，每一次个体的朝圣，都是这种天路历程的表象。正是在时间，也就是在历史的过程中，全部基督教思想的轴心——原罪与救赎，上演了一幕幕壮观的活剧。在我们的艺术，在不朽的文学名著中，都激荡着历史的回声，我们的政治家也不时把那些真假难辨的历史教训挂在嘴边。自然，我们要注意团体心理之间的差别。例如，库尔诺早就观察到，法国的民众总是倾向于按照理性来重组这个世界，但在保存其集体记忆方面远不如德国人来得强烈。无疑，文明不是一成不变的，或许有一天我们的文明会与历史背道而驰，这也不是不可想象之事。好在历史学家会对此可能性加以深思，而如果他们掉以轻心，伪历史就会殃及信史。不过，倘若我们真的沦落到这种地步，那肯定是以严重脱离我们最珍视的思想传统为代价的。

到目前为止，我们的探索仅仅涉及良知这个层次。确实，尽管处在持续不断的生存危机中，每当西方社会对自身产生疑惑之时，我们都会反躬自问：西方社会曾否努力向历史学习？究竟我们学得是否正确？请读一读战前人们所写的那些文字吧，同样，也请读一读可能在将来会形成文字的今天人们的见解吧，在当今纷纷扬扬的牢骚声中，你肯定能听到人们对历史的抱怨。在一次重大的事变中，我就正好听到这种声音。那是在 1940 年 6 月，如果我没记错的话，正是德军进入巴黎的那一天，在诺曼公园，法军被迫缴械，我们参谋本部的成员苦思灾难的原因，以此来消磨无聊的时光，其中一人哀叹道："难道历史已经背叛我们了吗？"这样，一位苦恼的成人以悲伤的语调所提出的问题，竟与那天真好奇的幼童随口的发问殊途同归了。两者都要求回答：

"历史有什么用？"

"用"这个词，在此究竟有什么含义？在展开这个问题之前，

请允许我先表示一下歉意，在目前的处境下，我不可能利用任何大型图书馆，藏书的丢失迫使我只能依靠笔记和记忆。我本想在此论述治史的技艺和法则，而正是这些法则所要求的辅助性的间接研究条件，我都不具备。会不会有一天能允许我来弥补这些缺憾呢？看来希望渺茫。因此，我不得不请求宽恕。尽管罪不在我，但还是必须说“我服罪”。若非如此，似乎我竟然胆大妄为到要为噩运而承担罪责了吧。

即便不能证明历史的其他用途，至少还可以肯定，人各有所好，历史无疑具有娱乐的价值，或者更确切地说，至少人们确实对历史感兴趣，我本人就多年乐此不疲。我想，所有的历史学家都不例外，要不然，他们为什么要选择历史为职业呢？只要不是白痴，任何人都会对所学的东西产生兴趣，然而，每一位学者必然对某一门学科特别感兴趣，他们选中这门学科，为此奉献自己的一生，这就是所谓“使命”和“天职”。

历史这种不容置疑的魅力，促使我们静下心来对此加以深思。

历史的魅力首先触发人们对历史的兴趣，继而激励人们有所作为，它的作用始终是至高无上的。单纯的爱好往往先于对知识的渴求。人们往往是在一种本能的引导下从事自己的工作，事先并不能完全意识到它的结果，这在思想史上不乏其例。甚至物理学也是源于小屋里的好奇，古董迷一开始也只是为了好玩，而并非打算进行严肃的研究。考古学和民俗学的起源概莫能外。在我看来，大仲马的读者很可能成为潜在的历史学家，他们只是缺乏系统训练，缺乏从事真正的研究所必需的更为纯正、更为强烈的兴趣。

系统严谨的研究一旦展开，历史的魅力也不会因此而大为逊色，相反，所有真正的历史学家都能证明，无论在研究的广度上还是在深度上，都可以感受到这种魅力。其他任何脑力劳动同样

如此，而历史自有其独特的美感。历史学以人类的活动为特定的对象，它思接千载，视通万里，千姿百态，令人销魂，因此它比其他学科更能激发人们的想象力。伟大的莱布尼茨对此深有同感，当他从抽象的数学和神学转向探究古代宪章和德意志帝国的编年史时，和我们一样，亲身感受到探赜索隐后的喜悦。我们要警惕，不要让历史学失去诗意，我们也要注意一种倾向，如我所察觉到的，某些人一听到历史要具有诗意便惶惑不安，如果有人以为历史诉诸感情会有损于理智，那真是太荒唐了。

然而，如果说，普遍永恒的魅力几乎是历史唯一的存在理由，如果说，历史像桥牌和钓鱼一样，仅仅是一种有趣的消遣，那么，我们费尽心血来撰写历史是否值得呢？我这里的意思是，秉笔作史绝非易事，要讲究史德，实事求是，尽最大可能探究历史潜在的因素。安德烈·纪德曾写道："我们的时代已不容纯粹的娱乐，哪怕是有益于心智的娱乐。"他是在1938年讲这番话的，在1942年的今天，他的话显得何等语重心长啊！确实，当今世界已跨入原子化学的门槛，已开始探测宇宙的奥秘。然而，这个可悲的世界尽管可以为科学的进步而自豪，却并没有为人类自身创造多少幸福。历史包罗万象，任何一个烦琐的枝节问题都可能虚耗人一生的光阴，如果其目的仅仅是给一种娱乐罩上令人难以信服的真理外衣，那么，理所当然要被斥为滥用精力，滥用精力则近于犯罪。否则，要么只有劝说有能力从事更好职业的人不要去搞历史学，要么就必须证实历史学作为一种知识的存在理由。

不过，这样又引起了一个新的问题。确切地说，究竟是什么构成了求知的合理性？

正统的实证主义者认为：一种研究的价值必须以它是否能促进行动来衡量。我想，今天已经不会有人以这种口吻来说教了吧。经验告诉我们，不可能在事先确定一项极抽象的研究最终是

否会带来惊人的实际效益。否认人们追求超物质利益的求知欲望，无疑会使人性发生不可思议的扭曲。即使历史学同手艺人和政治家永远不相关，它对提高人类生活仍是必不可少的，仅这一点也足以证明历史学存在的合理性。然而，即便加上这样的界定，仍没能直接解决问题。

激发人类思维的，不仅是力求“知其然”的欲望，而且是想“知其所以然”的欲望。因此，唯有成功地解释现象相互关系的科学，才被认为是真科学，除此之外，正如莫尔布拉克所言，不过是卖弄学问而已。现在，人们把卖弄学问当作一种娱乐或癖好，不过，同莫尔布拉克时代一样，这根本不是知识分子所追求的东西。即使历史学不具备任何促使行动的功能，它也有充分的理由跻身值得我们为之努力的科学之列。它不是一个支离破碎、难以阐释的学科，而是一门分类适度、日益言之成理的科学。

当然，不容否认，如果一门科学最终不能以某种方式改善我们的生活，就会在人们眼中显得不那么完美。而且，就历史学而言，不正是这种情绪使我们感到更特殊的压力吗？因为，历史学的主题就是人类本身及其行为，历史研究的最终目的显然在于增进人类的利益。事实上，一种根深蒂固的秉性使人们几乎本能地要求历史指导我们的行动，因此，一旦历史在这方面显得无能为力之时，我们就会感到愤慨，就像上文提到的那位被征服的战士一样。历史的用途（指严格的实用意义上的“用途”一词），这个问题不应与历史的严格意义上的理智合法性混为一谈。而且，按理说，我们应当首先了解它，其次才谈得上“用”。常识表明，我们不再回避这个问题了。

某些希望成为仲裁者的人，已经交出这些问题的答案。他们试图指责我们的乐观主义。他们中最宽容的人说，历史学既无益处又不完善；而那些苛刻的、毫不妥协的人断定历史学是有害的。其中一位知名度不算很低的人声称：历史学是“最危险的混

合物，即便其中糅合着理智的成分”。这些指责带来一个可怕的诱惑，预先就给无知作了辩解。万幸的是，对我们这些仍然保持理智的好奇者来说，似乎还可从他们的裁决中找到上诉的理由。

但是，如要重新辩论，重要的一点在于这种辩论必须以可靠的资料为依据。

一般来说，贬低历史学的人似乎失之武断，他们高谈阔论，妙语连珠，但最重要的是他们忘了问问自己，到底在谈论什么东西。他们为自己所描绘的历史研究的形象，并不是以历史研究的实际情况为依据的，这种形象更适合论坛而不是书斋。首先，历史研究的情况已今非昔比，因此，他们的所作所为不过是在浪费精力，类似于用魔法去驱除魅影。我们的做法应当完全不同。我们试图在此评估的，是那些在研究中实际应用的具体而微的方法，评估它们的价值和确定性。我们要探讨的问题，和那些成天与史料打交道的历史学家所遇到的问题是同一类型的。总之，我们旨在阐述历史学家为什么以及怎样来从事历史研究。至于是否值得干这一行，就得由读者来决定了。

然而，我们还得小心，即使经过如上限定，事情还不像看起来那么简单。假如我们要探讨的是一种实用的工艺，事情可能简单明了，因为计时的手工劳动可以一一列举计算清楚。但历史研究既不同于造钟表，又不像做家具，它力图最终能更确切地了解运动中的事物。限定自己只去描绘一门科学的现状，多少可以揭示出一点真实情况，也总会有点曲解，更重要的是，要说出这门学科在时间的长河中将怎样加以改善。这样，难免会带有许多个人的看法。确实，一门科学在其发展的每个阶段中，都会受到各种相反倾向的干扰。几乎不可能确定，当时占主导地位的倾向是否有前途。我们不要回避这个问题。理论问题和其他事情一样，怕负责任是有损于信誉的。在此，不过是要向读者坦诚相告而已。

任何一种方法论的研究，所遇到的困难因本学科的发展阶段而异，学科的发展过程像一条不规则的曲线，方法论的研究更是如此。例如，10 年前牛顿力学仍是至高无上的权威，那时，以精确的体系来构思一篇关于力学的论文要比今天容易多了。而目前历史学仍处于那种热衷于实证的阶段。

历史学不仅仅是一门变动中的科学，和那些以人类精神为对象的学科一样，这位理性知识领地的新到者还处在摇篮中。也就是说，在胚胎时期，历史只是叙述而已，那时的历史著作充斥着传闻逸事，在更长的时期内，历史主要记载重大的事件。作为一门注重理性分析的科学，它还十分年轻。现在，它终于力图深入人类活动的表层，不仅拒绝谣传和卖弄辞藻的诱惑，而且要防止近代因习以为常而墨守成规的学问和经验主义的标榜，那才是更为危险的毒素。在一系列最关键的方法问题上，历史学尚未超出初步尝试性的摸索阶段。所以，浮士蒂尔·德·古朗治和先于他的培尔都认为，历史学“在所有科学中难度最大”。这话不无道理。

这仅仅是一个幻想吗？尽管道路曲折，然而在我看来，我们现在正处于比前辈更为有利的地位上，已可以看到前方的一线曙光。

我们的前辈，如 19 世纪最后 10 年的人，甚至包括 20 世纪初的那一代人，似乎已完全沉溺于孔德的自然科学概念。这种迷人的先验图式侵袭了思想每一个领域，人们似乎以为，如果最后不能通过直接的、雄辩的证明，达到以至高而普遍的规律为形式的十分确切的公式，就算不上真正的学科。这在当时几乎是毫无异议的看法，而当这种观念应用于历史研究时，就因个别的历史学家气质形成了两大对立的学派。

一派认为将实证主义套于历史学是切实可行的，他们力图建立一门与泛科学的理想相吻合的有关人类进化的学科。他们打算

把许多明显的人类现实活动排斥在真正的人类科学之外，因为，这类活动在他们看来难以接受理性的解释。他们不无蔑视地将事件或偶发事件称为渣滓，大多数内在的、个人生活的诸多方面也是渣滓。总之，这就是涂尔干创立的学派的立场（自然，早期的这种刻板原则，在实践中已渐渐有所松动，尽管不情愿，这些人还是明智地服从了事实的压力）。涂尔干学派这种科学化的巨大努力，使我们的历史学获益匪浅，它教会我们分析，使之更为深刻，更善于抓住问题，甚至可以说，使我们的思想更为充实。在此，我是怀着无比的感激和敬意来谈论涂尔干学派的。如果说这种学说在今天已趋于僵化，那也只是任何思想运动在硕果累累之后迟早要付出的代价。

另一学派的研究者则持完全不同的观点。由于无法把史料组织得像自然科学那样章法井然，由于他们早期所受训练的局限，他们对考订资料所需的新知识，以及由此产生的困难和疑问尤其感到棘手，所以，从研究中他们得出虚无而谦卑的道德教训。到回顾总结之时，他们感到自己在为一门学科贡献才华，而现在既不可能对这门学科作出十分肯定的结论，也看不到它在今后会有所进步的希望。他们倾向于把历史学视为一种美的消遣，或是一种有益于心智的健身操，而不是一种真正的科学知识。这派人物曾被称为唯历史的历史学家，具有真正的“历史的”观点。但这种论断有损于历史学，因为它以否定历史学发展的可能性来发现历史学的本质。就我而言，我宁可在与他们相关的法兰西思想中找出其更明显的象征。

如果我们认可阿纳托尔·法朗士的作品对西尔韦斯特·博纳尔生平所划定的年限，那么，这个人物就反映了所谓的时代错置，他就像中世纪作者所描绘的那种年迈的圣徒，这些作者将自己的时代特色天真地加在笔下的人物身上。博纳尔（如果我们同意这一虚构的人物一度是个有血有肉的人）“真正”生于第一帝

国，他属于浪漫主义历史学家那一代人，他本来会具有他们那种昂扬充沛的热情，像他们那样对历史“哲学”的前途坚信不疑。法朗士虚构了他的生平，如果略过假设的主人公所处的时代，而在作家生活的时代复活这一角色，我们就可以把他看作庇护全体历史学家的圣人，传主几乎成为法朗士思想上的同道。他们都堪称地道的工匠，只是有点底气不足。我们可以把他们比喻为醉鬼的孩子，浪漫主义历史学的狂欢滥饮削弱了他们的体质。与实验室里的同事相比，他们自惭形秽，谨小慎微，不敢越雷池一步。连我可敬的老师瑟诺博斯那样思维敏锐的人也曾在无意中说道：“向自己提出问题是有用的，但回答这些问题却是十分危险的。”此言堪称这派人的口号。确实，吹牛大王是不会讲这种话的，但如若当年的物理学家没有显示出更大的勇气，那么物理学的现状又会如何呢？

我们所处的思想氛围已今非昔比，气体动力学、爱因斯坦的相对论以及量子力学，已使科学的概念发生深刻的变化，而那些概念在过去曾是人们一致公认的。爱因斯坦等人的理论并没有淡化这些概念，而仅仅使之更富有弹性。他们常以无限的或然性取代确定性，以永恒的相对可测性概念取代绝对的可测性。无数人的思想受到他们的影响（嗨！我也不例外），由于智力或教育的欠缺，像我这类人只能远远地尾随这种伟大的思想，就像光的折射现象一样。因此，我们似乎更有理由认为，即使一门学问不具备欧几里得式的论证或亘古不易的定律，仍无损于其科学的尊严。我们发现，还是将确定性和普遍性视为“度”的问题更为妥当。我们感到，没有必要再把从自然科学那里引进的一成不变的思维模式强加给每一门知识。因为即使在自然科学界，这种模式也不再通行无阻了。我们不知道人的科学前景如何，但我们确知，为了生存，它无疑会与理性的基本规律相一致。它没必要舍弃自身的特色，更没必要因其特色而自惭自卑。

我但愿，职业历史学家尤其是年轻的一代，能就历史学的徘徊和不断的自我反省问题加以深思，他们必定因此而得到训练，通过审慎的选择，理智地确定自己努力的方向。我尤其希望，在年轻一代中有愈来愈多的人能开拓历史学的深度和广度。我们中一些人早就开始酝酿这类设想。假如我的书能对他们有所帮助，我就算没有白费精力，我得承认这也是本书的部分目的。

但是，本书并非完全，也不是主要为同行而写的。我认为，面对着大众的好奇心，应当把历史学的不确定性公之于世。历史学的不确定性正是历史学存在的理由，它使我们的研究不断更新。由于全新的开拓，我们肯定可以理直气壮地声称自己将更执着于历史。只要不懈地努力实现自身价值，历史学的不完善性与完美无瑕的成功，同样是富有魅力的。借用贝玑的话来说，一个好农民在播种耕耘时的喜悦并不亚于收获时的欢欣。

这个简短的导言行将结束之时，有必要再表白几句。每一门科学本身，仅代表了知识海洋的一点一滴。我在前面已举例说明，无论你从事什么专业，为了了解和正确评价自己的研究方法，就必须看到它们与其他领域同时代的发展趋势之间的关系。方法论是一种专门的学问，从事研究者被称为哲学家，我可不敢觊觎这一头衔。笔者才疏学浅，这本小册子难免有行文不当和一己之见的地方。我所呈献给读者的，只不过是一位喜欢推敲自己日常工作的手艺人的工作手册，是一位技工的笔记本，他长年摆弄直尺和水准仪，但绝不至于把自己想象成数学家。

第一章　历史、人、时间

1. 历史学家的选择

“历史”是个十分古老的名词，有时使人们感到厌烦。当然，人们还不至于想把这个词从词汇中彻底删除，即使是涂尔干学派的社会学家也为“历史”留下了一席之地。不过，要知道，他们这样做仅仅是为了将历史放逐到人类科学中的一个可怜的角落里。尽管社会学家认为任何事物都可接受理性的分析，他们却把所有被其视为最肤浅和变幻莫测的人类事实，封存在那个隐蔽的地牢里。

与此相反，在这里我们要从最广泛的意义来阐述“历史”一词。在人们研究探索的道路上，这个词并没有预先设置什么禁忌。它可以随意指个人的探索，也可以指社会的探索；它可以指转瞬即逝的震荡，也可以指旷日持久的演变。它本身并不包含教条。它最初的含义，无非就是指“探索”罢了。自然，从2000多年前人们第一次说到这个词以来，“历史”的内涵已有极大的变化，一切有生命的词汇无不如此。如果科学每前进一步都得造些新名词的话，那么待命名的东西真要成千上万了，学术界得为此虚耗多少光阴啊！

“历史”一词产生于辉煌的希腊化时代，并沿用至今，我们

现在的所谓“历史”已远非米利都城赫卡泰厄斯的“历史”，正如开尔文勋爵和郎之万的“物理学”已不同于亚里士多德的“物理学”一样。那么，我们所谓“历史”究竟是什么呢？

当我们的注意力集中于研究“真正”的问题时，在一开始就去下乏味而僵硬的定义将是毫无意义的。地道的工匠怎会拿这些条条框框来自寻烦恼呢？在追求尚未确定而有发展前途的知识时，人们会产生一种朦胧的冲动，而烦琐细微的定义不仅会扼杀这种创造性智慧的火花，还会进而束缚人们的思想，这才是最大的危险。迪万·莱克希考格拉夫曾言：“这个课题或探讨这个课题的方法无疑是诱人的，但是，当心点！莘莘学子，这并不是历史学。”难道我们就像古代行会那样，把任务按规定项目派给同行的成员，并永远照章办事，干脆将活儿留给老师傅来干吗？物理学家和化学家就比较明智，他们从来不去为物理或化学、物理化学或化学物理（假设有这个词）的权利而争辩不休。

确实，面对纷繁复杂的现实，历史学家必须开辟出一块供他耕耘的特殊领地。显然，他必须作出选择，这种选择不同于生物学家，但那必须是历史学家的适当选择，因此，就产生了一个真正的行为问题，这个问题将始终伴随着我们的研究。

2. 历 史 与 人 类

人们有时说，历史是一门有关过去的科学，在我看来，这种说法很不妥当。

首先，把“过去”这个概念作为科学的对象是荒唐可笑的。过去的某种现象，如果完全没有与当代相通的共同特征，如果未经过事先的筛选，又怎能成为有条有理的知识呢？根据事物的反面，人们又怎能想象出一门天衣无缝的宇宙科学的现状呢？

无疑，在历史编纂学的初始阶段，古老的编年史家是不会对这些琐屑的问题感到困惑的，他们叙述一些杂乱无章的事件，其

中仅有的联系就是这些事件是同时发生的，如日食、冰雹，以及突然出现的惊人的流星，同时发生的战争及国王和英雄的去世。这些有关人类早期的记忆，犹如幼童观察事物时那么零乱，然而，这种为进行分析所作的不懈的努力，已渐渐导致分类。不错，从基本保守的观点来看，在我们的语言里，任何关于现象在时间上变化的学问都可名为历史。这样的惯例有利无弊，人们不会因此而困惑不解。从这个意义来看，我们现在所见的由行星组成的太阳系并非永恒不变的，也就有了太阳系的历史，它属于天文学领域。地震的历史与地球的构成有关，人们对此极为关注。它涉及地球的构成，因此能引起人们极大的兴趣，但它与历史学家所谓的历史无关。

至少，他们这样做仅仅是因为过去观察到的现象与人类历史上一些特殊事件正好巧合。那么，在实践中，他们又是怎样分析的呢？要搞清楚这一点，一个简单的事例抵得上千言万语的论证。

10 世纪，水深浪大的文斯湾使佛来明斯成为锯齿形的海岸。后来，海湾被沙石堵塞了。应该由哪门科学来研究这个现象呢？初看起来，谁都会说应归地质学，冲积层的沉淀运动、海流运动或海平面的变化，不正是地质学所发现所研究的范围吗？当然是的，但进一步看，事情就不那么简单了。第一个问题是要调查地质变迁的起源，接着，地质学家就要被迫回答一些严格说来不属于其专业范围的问题了。无疑，至少还有人工围堤促使海湾淤积，改变河道的流向以及灌溉系统等因素，所有这些人类的活动均基于人们的集体需求，并依靠一定的社会组织来进行的。在锁链的另一端还有一个新问题——后果。离海湾尽头不远处，有一条小河通往一个小镇布鲁吉，借助文斯湾的海水，每天有大量的商品在这里进出，相对而言，它的地位在当时相当于今天的伦敦或纽约，后来，沙石日甚一日地涌来，海水渐渐消退，文斯湾的

码头延伸到了河口，这个港口就逐渐消失了。要知道，这并非港口衰亡的唯一原因，但无疑它是因果长链中极为举足轻重的一环(除非物质运动是由其他人为的因素来安排、促成和规范的，否则它又怎能影响人类社会呢?)。

一个社会按照自身的需求来重新改造人们栖身的大地，任何人都会本能地承认，这是一次“历史性”的事件。一个显要的行当的盛衰也同样如此。从以上这个地形学的典型事例中，我们看到：一方面呈交叉状态，要作出解释，两门学科便互相依赖，缺一不可；另一方面呈转变状态，当我们以结果尚未确定的唯一例外来描述一种现象时，它会以某种确定的方式，以一门学科来取代另一门学科。究竟是什么支配了历史学的介入呢？显然是人的因素。

很久以前，我们伟大的先辈米什勒或浮士蒂尔·古朗治曾经教导我们：从本质上看，历史学的对象是人。还是让我们把它称为“人类”吧。复数比单数更便于抽象，相对而言，复数的语法形态更适用于一门研究变化的科学。地形特征、工具和机器、似乎是最正式的文献、似乎是与其缔造者完全脱离的制度，而在所有这些东西背后的是人类。历史学所要掌握的正是人类，做不到这一点，充其量只是博学的把戏而已。优秀的历史学家犹如神话中的巨人，他善于捕捉人肉的气味，人才是他追寻的目标。

作为人类知识的历史学的性质，在问题的表述方面还有其特殊的情况。它是“科学”还是“艺术”呢？大约在1802年，我们的老前辈曾乐于就这个问题进行严肃的辩论。后来，大约在1890年，出于对早期实证主义的说教的腻烦，方法论者为公众对历史著作所谓的“形式”过分重视而感到恼怒。艺术之于科学，形式之于实质等，历史学界居然充斥着如此琐细的争论。

巧妙的均衡所具有的美感并不亚于一句美妙的措辞，但每一门科学都有与之相应的语言美。实质上，人类的行为极为微妙，

在许多方面难以作出数学式的评估，必须将它们转化为语词，也就是说要正确无误地衡量人类的行为（谁能够完全认识自己不知如何表述的事物呢?），必须有极为精致的语言，遣词造句更要仔细斟酌，计算行不通的地方，我们不得不运用联想。表述自然界的语言与反映人类现实的语言之间是有差异的，这类似于操作钻床的工人和制造鲁特琴的匠人之间的差别，两者的工作都精确到以毫米为单位，但钻工使用精密的工具，匠人则主要凭借他的听觉和触觉。假如钻工效法工匠的经验和方法，或者工匠模仿钻工的做法，都将是不明智的。一个人不能既用数字又用语词来感知事物，对此，谁又能加以否认呢?

3. 历史的时间

我们已把历史学称为“人类的科学”，那还是太含糊，有必要加上“时间中的”定语。历史学家并非抽象地思索人类，在他们的思想中总是自然而然地注入时代的气息。

要知道，很难想象任何一门科学会把时间仅仅视为抽象的东西。然而，不少人只把时间看作一种计量单位，他们为了各自的目的，任意将时间分割成性质相同的碎片。与此相反，历史的时间却是实实在在的活生生的现实，它一往直前，不可逆转。正是在时间的长河中，潜伏着各种事件，也只有在时间的范围内，事件才变得清晰可辨。如果说放射性的物质转化成其他物质需要“几秒”“几年”或“几世纪”的时间，那这些数字只是原子物理学家的基本数据。这些变化中任何一个特殊的现象，无论是发生在几千年前，发生在昨天或今天，或注定要在明天发生，无疑都会使地质学家感兴趣，因为地质学是注重历史变迁的学问，物理学家则对此毫不关心。恺撒花了 8 年的时间征服高卢，爱尔福特的路德从正统的见习修道士转变为维滕贝格的改革者经历了 15 年时间，但没有一位历史学家会仅以讲述这些事实为满足。对历

史学家来说，更为重要的是，在欧洲社会变迁的背景下确定征服高卢在编年史中的地位，历史学家丝毫不否认马丁·路德的精神危机之类不变因素，但唯有将这场运动发生的确切时刻放在其主角的人生履历中，以及与作为背景的欧洲文明联系起来考察，他才认为自己绘制了一幅逼真的图画。

这种真正的时间，实质上是一个连续统一体，它又是不断变化的。历史研究的重大问题就源于这两种属性的对立。这样，就引起了一个特殊的问题，即我们研究的存在理由是什么？假设从不间断的时代顺序中抽出两个连续的阶段，时间之流在两者间的联系，究竟在何种程度上支配或没支配从这一时间长河中产生出来的差异呢？认识前一阶段，对于了解后一阶段是必不可少的，还是不必要的呢？

4. 起源的偶像

承认自己的欠缺是不会错的。站在遥远的过去来解释当前，这对以过去为研究主题的人极有吸引力，这种做法已使我们的研究处于催眠状态。抓住最为显著的特征，可将历史学家部落的偶像称为“起源的迷惑”。而且，从历史学思想的发展来看，起源崇拜有过备受青睐的时候。好像是勒南曾写道：“在所有的人类事务中，起源比其他任何东西更值得研究。”（引文来自记忆，恐怕不够正确）在勒南之前，圣·贝弗也说过：“由于好奇，仔细研究了许多事物的‘起源’，并作了笔记。”这个观念在那时是十分典型的，“起源”一词也是如此。《基督教的起源》问世不久，又出版了《当代法兰西的起源》，更不要提模仿之作了。然而，“起源”的含义是模糊的，因此也是令人困惑的。

一方面，“起源”仅仅意味着开始吗？这本来是相对清楚的，只是就许多历史事实而言，起点的概念简直令人难以捉摸。这无疑是定义问题，然而不幸的是人们往往容易忘记下定义。

另一方面，“起源”是否指原因呢？那样的话，探究原因固有的本质就没什么困难可言了（在人文科学方面无疑更是如此）。

但是，两种含义时常互相混淆，更令人伤脑筋的是很难清晰地加以分辨。通俗的说法，起源就是开始，更糟的是认为“开始”就等于完满的解释。这样，便导致词义的混乱，进而带来危害。

评注家对探赜索隐、追根溯源尤其着迷，可以对此作些很有趣的研究。巴雷斯对那个背弃信仰的教士忏悔：“你鼓吹的那一套我不懂”，“几位学究有关希伯来语的论述与我的感情又有什么相干？教堂的气氛就足够了”。用莫拉斯的话来说，“4个下贱犹太人的《福音书》和我有什么关系？”（照我看，“下贱”一词是指马太、马可、路加、约翰出身平民，在遣词上至少带有一定的贬义）这些恶作剧者是在取笑我们，无论是帕斯卡还是博绪埃，都不会如此大胆妄言。当然，撇开历史仍然可以对宗教有所体验。对纯粹的自然神论者来说，只要内心信仰上帝就行了，但他不会信仰基督教的上帝。我已指出，基督教实质上是一种历史性的宗教，其原始教义是以事件为依据的。重温一下你的信条吧：“我信仰耶稣基督……他被彼拉多钉死在十字架上……第三天他又复活了。”这样，信仰的起点也就成了信仰的基础。

对起源的偏好，从某些宗教方面来分析尚情有可原，但这种倾向已经不可避免地蔓延到其他研究领域，那显然是不足为训的。为了价值的判断而追寻历史的起源则更不足取。泰恩阐述法兰西的起源，旨在谴责他所谓荒唐的人类哲学所导致的政治恶果。无论是德意志入侵还是诺曼征服英格兰，刻意用历史来解释现实，其目的就是为现实辩护或是对现实加以谴责。因此，在许多情况下，“起源”这尊守护神只不过是真历史死敌的化身，或是一种判断癖。

还是让我们回到基督教的研究吧。通过教堂日常的宗教仪

式，一个困惑的寻求回到良知的人，决定了他对天主教的态度，这是一回事；而历史学家把当今的天主教作为一种可观察的事实加以解释，则是另一回事。了解起源是理解必不可少的条件，但仅此尚不足以解释实际的宗教现象。名义上相同的教义，实际上究竟有多少相同之处呢？为了使问题简化，我们必须把这个问题暂时搁置起来。即使假设我们的宗教传统是一成不变的，我们也必须找出它不变的理由。如果说神力的干预是非科学的，那么其中便有人的因素在起作用。总而言之，问题已不在于耶稣是否先被处死然后复活，而在于为什么从古到今会有这么多人笃信“受难”和“复活”。可见，无论在何地只要有虔诚的信仰，所有的证据都表明此信仰仅仅是某一集团日常生活中的一个方面而已。宗教信仰宛如一个绳结，它将社会结构、社会精神等迥然不同的特征缠绕在一起。总之，一个教义包含着人类环境的所有问题。小小的橡子可以长成参天的大树，但它离不开适宜的土壤和气候条件，而这些条件已完全超出了胚胎学的范围。

在此引证宗教史仅仅是作为一个例子。任何研究，在追溯人类行为起源时，往往潜伏着同样的危险，即将祖先与原因混为一谈。

这恰如词源学家的幻觉。词源学家往往认为，只要指明一个与现代词义相对应的最早词义就大功告成了。例如：bureau 的原意是指一种粗纺布，timbre 一词的原意是指“鼓”。似乎主要的问题不在于搞清词义转化的原因，似乎所有的词义都受到原意的影响，而取决于当前社会条件的现代词汇状况，却对词义的变化无足轻重。Bureaux de ministere 中的 Bureaux 意为政府机构。我在邮局的窗前买邮票（timbre），我能用这个词是因为最近的技术性改进，如邮政组织的变化、用带胶图片（邮票）取代打邮戳等，导致通信事业的巨大变化。当今人们对这古老词汇的理解产生如此大的差异（在不同的行业中尤其如此），因此，人们绝不

会把我贴在信封上的邮票（timbre），与乐器商夸耀其乐器时说的“纯美音色”（timbre）混为一谈。

我们谈论“封建制的起源”，那么我们从哪里去追溯它的起源呢？有人说“源于罗马”，有人说“源于日耳曼”，两种说法矛盾的原因是显而易见的。无论是罗马起源说还是日耳曼起源说，都提到庇护关系、军事联盟、作为劳动报酬的土地使用权等惯例，被我们称之为“封建”时期的几代欧洲人曾遵循这些惯例。但这些惯例发生了很大的变更。有两个词：拉丁语称为封地，日耳曼语系的人叫作采邑，这两个词为后来的几代人一直沿用，但不知不觉中这两个词又有了全新的含义。令历史学家感到遗憾的是，人们并非总是随着习俗的改变而改变其词汇的。所有这些都十分有趣，但它并没有告诉我们封建主义的原因。富有特色的欧洲封建制度并不仅仅是一些遗迹的拼凑，在历史发展的某一个阶段中，它产生于总体的社会状态。

瑟诺博斯曾言：“我认为，18 世纪的革命思想源于 17 世纪的英国思想。”他是否指法国启蒙运动的宣传家曾读过或间接受到英国 17 世纪著作的影响，因而采取了他们的政治原则呢？假如我们（法国）的哲学没有提供开创性的思想，或对国外的理论体系不能提供独创的启示，那么，我们可以接受这种观点。即使武断地将启蒙运动归为借用外来的思想，这场思想运动的历史面貌也远非清晰可辨的。为什么不早不迟偏偏在这个时候发生了思想的传播？这个问题仍未解决。病毒的传染必须有两个条件：一是病菌的大量繁殖；二是疾病袭来之时有一个适宜的滋生地。

总之，脱离特定的时间，就难以理解任何历史现象。这一点在我们人类和其他事物进化的每一个阶段都不例外。正如古老的阿拉伯谚语所言：“与其说人如其父，不如说人酷似其时代。”无视这东方的智慧，历史研究就会失真。

5. 过去与现在的界限

由于过去并不能完全说明现在，那么我们就应该相信历史的解释毫无用处吗？奇怪的是，今天我们应当能够提出这个问题。

不久以前，答案还几乎是完全现成的。“谁把思想局限于现在，谁就不能了解当今的现实”。密芝勒在《人民》一书的开篇如是说。那是一本不错的著作，但带有写作时那个时代的焦躁气。在密芝勒之前，莱布尼茨就已着手研究历史，并有所得益，他说：“必须在事物过去中找到它的根源，唯有了解事物的原因，才能更好地了解其实际状况。”

但是，自莱布尼茨和密芝勒以来，事情已发生了很大的变化，持续不断的技术革命已难以估量地扩大了几代人之间的心理差距。电气时代、飞机时代的人们或许有几分理由感到自身与祖先离得更远了，有人甚至不明智地断言，前人对我们已毫无影响可言。在机械论者的心中还潜伏着一种现代主义的曲解：要操纵和修理发电机难道还有必要先精通伏特的流电学理论吗？这种类比毫无疑问是蹩脚的，但它的确使不少头脑机械的人接受了这种看法，这时就使人们容易相信：了解先辈丝毫无助于了解和解决当前人们所面临的重大问题。历史学家对此没有足够的认识，而且也为现代主义的风尚所左右。在历史学界也发生了新旧割裂的变化，为什么历史学家却没有感觉到呢？昨天的有关稳定的货币体制和金本位的观点，在各种政治经济学的手册里还能作为时下的标准吗？对近代经济学家而言，这些观点属于当代还是属于充满腐臭味的历史呢？

在这些混乱的观念背后，仍能发现一些更为连贯的概念，至少在表面上，这些观念以其简洁对某些人颇有吸引力。

在逝去的漫漫时光中，似乎总有这么一个短暂时期，其开端相对而言距今并不久远，其结局与我们的时代巧合。无论是其引

人注目的社会、政治特征，还是物质设施、文化情调皆与我们的世界没有任何重大的差异。总之，它与我们具有显著的“同时代性”，并由此产生出与过去不同的长处和短处。我年轻时，有一位年迈的高中教师曾对我们说：“1830 年以后已无历史学可言，一切都是政治学。”现在人们不会说“自 1830 年以来……”因为“七月革命”在今人看来已成遥远的时代。没人会说“一切都是政治学”，倒是有人会以恭敬的口吻说“一切都是社会学”，或以不那么恭敬的口吻说“一切都是新闻学”，而不少人会欣然重复：自 1914 年或 1940 年以后，已无历史学可言。然而，他们将历史学驱逐出境的理由却未必十分一致。

有些人认为，对最近的事件不可能作出真正客观的研究，只因为它们是最近发生的，他们希望，这样一来，当前争吵不休的问题就不至于玷污克里奥女神的贞洁。在我看来，这正是我那位老教师的想法。这样，就把我们的自控能力看得十分低下。他也完全忽视了这一点，即一旦触动感情之弦，就无法用以数字计算的编年法来划清过去与现在的界限。我刚到朗格多克的高等中学当教师时，那位善良的顶头上司以教育总管的身份警告说：“谈到 19 世纪的历史并没有什么危险，但涉及宗教战争时，你可得十分当心！”确实，在讲台前，若无抵御当代病毒的勇气，即使你是在评论《伊利亚特》或《罗摩衍那》，也难免要遭到当代思想毒素的侵袭。

与此截然相反，另外一些学者不无理由地认为，完全可以对当代社会进行科学的研究。然而，他们承认这一点，仅仅是为了研究某些分支学科，而这一学科与以过去为对象的学问截然不同。例如他们以几十年的时限为依据进行分析，并宣称已了解了当代的经济体制。总之，他们显然是把我们的时代视为与过去完全脱离的，并认为这是不言自明的。许多仅仅对历史怀有好奇心的人，也本能地采取这种态度。他们对遥远的历史之所以有兴

趣，只是因为把它当作无关痛痒的精神奢侈品。一方面，一小群古董迷带着恐怖的笑容揭开死神的裹尸布；另一方面，社会学家、经济学家和时事评论员则成了现实生活的唯一探索者。

6. 由古知今

谈到所谓当代社会可以自我理解，只要仔细考察其论点的特征，就不难发现，它是以一整套奇怪的前提为依据的。

首先，它设想在一代或两代人之间，人类事务已发生了巨变，这种变化不仅来势迅猛，而且是总体性的。因此，无论是长期延续的社会制度，还是传统的行为方式都无法避免实验室和工厂革命的影响。它忽视了惰性力量对这许多社会性创造的特殊作用。

人们耗费大量光阴设计某些新技术，而后，又或多或少地自愿沦为这种新技术的囚徒。凡到过法国北部的旅行者，无不对那里田地的奇形怪状印象深刻。几百年来，由于所有权的变更，原先的布局已发生了一些变化，但时至今日，他们仍将可耕地划分为许多七零八落的小块，看到这些紊乱狭长的土地，农业科学家也感到迷惑不解。不容否认，按原样继承这些土地，势必给耕作者带来麻烦，浪费大量的精力。我们对此能作何解释呢？某些急躁的法学家曾说：“通过民法必然解决问题，改变继承法就能消除弊病。”如果他们多了解点历史，如果他们曾询问过一个恪守几百年陈规的农民，就不会把解决问题的方法看得如此简单了。这种田地划分法的历史是如此悠久，至今尚无学者对此作出令人满意的解释。与第一帝国时期的律师相比，史前时代的居民与此有更大的关系。由于一直无从改进，它变得如此积习难改，可见对历史的无知不仅使当代科学产生混乱，而且导致当前行为的困惑。

一个社会如果可以完全由前一阶段任意塑造，那么，其社会

结构必然像无脊椎动物那样软弱无力，在这个社会中，代与代之间的交流必然是单纯的。——因为儿童只有通过父母的中介才能与先祖有所联系。

然而，事实未必如此，即使在口耳相传的时代也不是这样的。以法国的村庄为例，父母要外出干活，几乎整天不在家，孩子主要由祖父母抚养，结果，父母一辈本是能够改变传统的主角，但他们的作用遭到忽略，却使可塑性最强的孩子与思想僵化的老年人结合在一起，如此培养出来的新一代在思想上反而倒退了一步。无疑，这就是传统思想在农村社会根深蒂固的原因。这个例子十分典型，但远不是独一无二的。因为，在年龄不同的人群之间，自然产生的敌视往往以邻近的两代人最为剧烈，年轻人从老年人那里学到的东西比得自中年人的教益更多。

即使是相隔数代的人，文字材料仍能使思想的传播大为便利，使文明得以延续。我们可以从另一时代——如 16 世纪挑选一些人物为例，如路德、加尔文、罗耀拉。历史学家要加以论述，首先必须把他们置身于当时的时代背景，当时，笼罩他们的思想氛围和所面临的道德问题和我们今天是截然不同的。为了正确把握当今世界，我们想了解新教运动和天主教改革，又想了解那些距今不远却昙花一现的思潮和情感。几百年过去了，然而，谁敢断言对现实来说前者的重要性远远低于后者呢？

总之，谬误是显而易见的，为驳倒谬论，有必要对它加以系统的阐述。那种观点把人类进化的过程描述为一系列短暂而激烈的动荡，其影响无一超过几百年时间。与此相反，我们的研究证明，那些广泛而持久的发展所造成的强烈震荡完全可能是自古及今的。假如，一位地球物理学家能把遥远的距离计算得精确到英寸，从而得出结论，说月亮对地球的影响比太阳还大，对此，我们将作何感想呢？无论是外部空间的距离还是时间的长短，都不能简单地作为估量一种力量潜在影响的标尺。

最后，对那些于今天已毫无作用的事物又该如何看待呢？例如，早已消逝得无影无踪的信仰，已经解体的各种社会形态，业已消亡的技术，等等。是否有人会认为这些东西对我们了解今天已毫无用处了呢？不要忘了，没有一定程度的比较就不会有真正的理解，而比较自然要以既有差别又有现实联系的事物为条件。这一点没人可以否认，现实就是这么回事。

我们今天自然不会像马基雅维利、休谟或博纳尔那样，认为在时间的长河中，“至少有某些东西是不变的，那就是‘人’”。我们知道，人的头脑已发生了很大的变化，人身上那些精致的器官也不例外。在其他方面又如何呢？实际上，人的精神状态已今非昔比，人的健康和饮食也同样如此。然而，在人类本质和人类社会中必然存在着某种永恒的根本性东西，否则，人或社会这类名称就毫无意义可言了。如果我们仅仅研究某些人在一时一地的行为，我们又怎能确信自己已真正了解了那些人物呢？即使就那个阶段而言，这样的研究也是不充分的。还有许多随时可能脱颖而出的潜在因素，多少有点无意识的东西在背后操纵着个人或集体的趋向，它们隐藏在暗中没有被揭示出来。在单一的事件中，没法区别出特殊的因素，因此，也就不能阐明事实的真相。

7. 由今知古

各时代的统一性是如此紧密，古今之间的关系是双向的。对现实的曲解必定源于对历史的无知；而对现实一无所知的人，要了解历史也必定是徒劳无功的。我曾说过我和亨利·皮雷纳一同去斯德哥尔摩游览的逸事。快到那里的时候，他对我说：“我们先参观什么地方呢？好像那里新造了一座市政大厅，我们先看那里吧。”似乎是为了打消我的惊愕，他又说：“如果我是一个文物收藏家，眼睛就会光盯住那些古老的东西，可我是个历史学家，因此我热爱生活。”这种渴望理解生活的欲望，确确实实反映出

历史学家最主要的素质。虽然他们的气质有时显得冷漠，但出色的历史学家无不具备这种素质。尽管浮士蒂尔和麦特兰文风很简朴，但他们也同密芝勒一样热爱生活。或许，这种素质是仙女的礼物，除非在摇篮中得之天授。自然，这并不意味着以后不必经常运用和发展这种素质。举出与当今世界经常保持联系的例子，我想亨利·皮雷纳是再恰当不过了。

只有置身于现实，我们才能马上感受到生活的旋律，而古代文献所记载的情景，要依靠想象力才能拼接成形。我多次读过或叙述、描绘过战争，可在我亲身经历可怕而令人厌恶的战争之前，我又是否真正懂得"战争"一词的全部含义呢？军队被包围，国家遭惨败，究竟意味着什么呢？在我亲身感受到 1918 年夏秋胜利的喜悦之前（啊！虽然胜利的芬芳不会完全一样，但我仍衷心渴望它再次重现），我是否真正理解"胜利"这美丽的词汇所包含的全部意义呢？最终，人们总是自觉或不自觉地借用日常生活经验，并加以必要的取舍，赋予新的色彩来再现历史。若对活着的人一无所知，那么，我们用以描绘古代观念和已消亡的社会组织形式的名词，也就变得毫无意义了。如果以一种谨慎的、批判的态度来取代本能的印象，以此来考察历史，那么其价值将成百倍地增长。我想，一位数学家的伟大，并不会因为他对现实世界懵然不知而有所减色；但是，一个学者如若对周围的人、物或发生的事件漠不关心的话，那么，如皮雷纳所言，应该将他称为古董迷，他还是明智一点，还是不要自称历史学家为好吧。

而且，历史感的培养并非总是局限于历史本身，从某种意义上说，有关当今的知识往往能以一定的方式更为直接地帮助我们了解过去。

如果认为，历史学家考察历史的顺序必须与事件发生的先后完全吻合，那真是个极大的错误。虽然，他们事后会按历史发展

的实际方向叙述历史，但在一开始，却往往如麦特兰所言是“倒溯历史”的，这样更为便利。任何研究工作，其自然步骤往往是由已知推向未知的。当然，这也不是说时代愈近文献资料愈详尽，例如，我们对10世纪时期西方历史的了解，就远不如对恺撒和奥古斯都时代的了解。然而，在大多数情况下，相对而言，时代愈近，事情就愈清晰。如果机械地由古及今研究历史，我们就可能为寻求现象的起因而浪费时间，结果，那些所谓的起因也或多或少是想象的产物。正当需要谨慎运用倒溯研究方法之时，一些杰出的历史学家却忽视了这种方法，因此，他们有时也会犯些奇怪的错误。浮士蒂尔·德·古朗治毕生研究他所谓封建制度的“起源”，我恐怕他只是提供了一幅模糊的景象，由于受第二手资料的错误引导，他给农奴制的起源涂上了一层完全虚假的色彩。

为了阐明历史，历史学家往往得将研究课题与现实挂钩，这种事例比人们的通常想象要多得多。前面已经提到，法国农村地貌某些基本特征的形成可追溯到远古时代。然而，为了说明那些指引我们探索渺茫的起源所必需的稀有资料，为了能提出正确的问题，甚至为了知道我们究竟在谈些什么，就必须确立一个基本的条件，那就是先得考察和分析现在的地貌状况。只有通过现在，才能窥见广阔的远景，舍此别无他途。当然，这并不意味着，在追寻历史源头之时要把永远静止不变的景象强加给每个阶段，历史学家所要把握的正是它在每个阶段中的变化。但是在历史学家审阅的所有画面中，只有最后一幅才是清晰可辨的。为了重构已消逝的景象，他就应该从已知的景象着手，由今及古地伸出掘土机的铲子。

只有一门科学，它既要研究已死的历史，又要研究活的现实，这门学科该如何命名呢？我在前面已论述了，为什么“历史”这个古老的名词是最为合适的。历史包罗万象，无所不言，

它使我们想起先辈那些动人心魄的丰功伟绩（与时下某些偏见相反），我建议将历史学的范围延伸到当代，但这并不是为了给自己的专业争地盘。人生有限，知识无涯，即使是最伟大的天才也难以穷尽所有人类的经验。有些人主要研究当代事务，有些人则主要专攻石器时代或埃及学，我们仅仅想提醒两者，历史研究不容画地为牢，若囿于一隅之见，即使在你的研究领域内，也只能得出片面的结论。唯有总体的历史，才是真历史，而只有通过众人的协作，才能接近真正的历史。

当然，我们不能完全依据一门学科的对象来对该学科加以定义，但却可以凭借恰当运用于该学科的方法之性质来确定其范围。

最后，研究历史的手段是否要因课题的靠近现实或脱离现实而截然不同呢？这样，也就自然提出了历史考察的全部问题。

第二章　历史的考察

1. 历史考察的一般特征

首先，让我们把自己严格地界定在研究过去的范围内。

人们已反复描述过历史资料在有限的一般意义上所具有的最明显特征。有人肯定地说，历史学家绝对不可能直接观察到他所研究的事实。没有一个埃及学家看到过拉美西斯，没有一个研究拿破仑战争的专家听到过奥斯特里茨战役的炮声。我们只能通过目击者的记录来叙述以往的史实。因此，我们就处于一种困境，就如同警官要力图重构犯罪现场一样，又好像一位卧病在床的物理学家，只能通过实验师的报告来了解实验的结果。总之，与对现在的了解相反，对过去的了解必然是“间接”的。

这些话的确是有道理的，但仍有必要认真地加以修正。

假设某司令员刚打了一次胜仗，便马上开始亲自笔录战役的经过。而且这场战斗是他策划并亲自指挥的，战场不大，厮杀自始至终几乎都在他的视野之内（为了便于论述，我们假设这场战斗的空间极为有限）。然而，我们可以肯定，在战役的几个关键时刻，他不得不参考部下的报告。要记录这件事，他就得再查阅一下刚才在战斗中看过的报告。让我们想一想，作为一位在战火中指挥部队的司令员，究竟最需要什么样的情报呢？是他用望远

镜看到的混乱战况，还是由通讯员和副官送来的火线急件呢？何况司令员也不能观察他自己。可见，即便是这般圆满的假说，所谓直接的观察也不过如此了吧？尽管“直接”的观察对于研究现状具有得天独厚的优势。

事实上，只要观察者稍微扩展一下他的视野，就可能造成错觉。我们已知的绝大部分东西都是通过别人的眼睛来了解的。假如我是一位经济学家，就会通过统计资料来掌握本月或本周的贸易状况，而这些资料并不是我本人亲手编制的。假如我是一个研究现状的人，就会致力于试探公众对当今重要问题的看法，我会提问和记录，然后将人们的回答加以比较和统计。我所掌握的仅仅是他们结结巴巴表述出来的观点，这些观点为他们所相信，也是他们所愿意透露出来的。这些观点都是我的研究对象，我只能通过他们所愿意提供的信息来了解公众的情绪。相反，生理学家可以解剖豚鼠，目睹病灶或畸变这类研究对象。事件、行为和语言组成了一个团体的命运，它犹如一块巨大的挂毯，个人的认识能力是极其有限的，他只能看到大挂毯的小小一角，而且他只能直接知道自己的情绪，因此，无论在何时，人类所有的认识总是大部分得于他人。在这一点上，和历史学家相比，现状研究者的处境也好不了多少。

尽管如此，我还得说几句：观察过去，即便是面对遥远的过去，难道肯定总是“间接”的吗？

不难理解，为什么那些古老的知识会给许多历史理论家留下如此深刻的印象。这是因为他们主要依据事件乃至某一个历史片断来考察历史，把精确地再现少数要人的活动、言论和态度视为头等大事（这样做有时对有时错，此刻却是无关紧要的），从而组成一个相对短暂的场面，就好像古典戏剧那样，在这个舞台上，集合了在革命、大战、外交会见之类非常时刻中起作用的各种势力。据说，1792 年 9 月 2 日，在贵族府邸的窗下，朗巴尔亲

王夫人的头颅曾被挑在矛尖上示众。此事是真是假？皮埃尔·卡隆曾就9月大屠杀写过一部史料翔实的著作，但他对此事的真伪未发表意见。假设他当时能站在大教堂的塔楼上目睹恐怖的送丧行列，而且在这种情况下，还能保持学者不偏不倚的立场，并不轻信自己的记忆力，他就会小心地记下当时的所见所闻。无疑，在这种情况下，若将历史学家的处境与可靠的现场观察所得相比，历史学家就会相形失色，就好比排在一支纵队末尾的士兵。消息是从前往后传的，站在末尾显然不利于正确收集情报。前不久，我参加了一次晚间急行军，从队伍前头传来“注意，向左有炮弹坑”，而最后一个人听到的却是“向左”，他就向左走，结果掉进了炮弹坑。

然而，还存在其他的可能性。考古学家已修复了一些陶瓮，瓮里装着小孩的遗骨。公元前几千年，这些陶瓮就被牢牢地封存在叙利亚某个城堡的墙内，没有理由认为这些遗骨是人们随意扔在那里的，所有的证据表明，我们面对的是古人献祭的遗迹，祭礼是在城堡奠基时举行的，或起码与此多少有些联系，对于这些典礼所反映的信仰，我们必须参照同时期的证据，如果没有那种证据，就得用其他的证据来加以类比。要不是通过别人的记载，我们又怎能理解一种陌生的信仰呢？有必要重复一下，这一事例中所有有关意识的现象对我们都是非常陌生的。仅就献祭一事而言，我们的情况也是完全不同的。地质学家一旦发现菊石的化石，就了解了活的菊石。物理学家根据布朗运动的原理研究分子在悬浮状态中的反应，就可以看见真正的分子运动。要知道，确切地说，我们历史学家未必比他们更直接掌握事实。但是，排除其他可能的解释，我们可以通过简单的推理，根据实物来证明事实。作出这种基本的解释并不需要在我们与实物之间介入其他观察者。这是人本能的思维反应，否则感性认识就不会上升为理性认识了。方法论者一般认为，历史学家通过别人来得到“间接”

的知识。或许用“间接”一词未必十分贴切，它迫使人们指出存在着中介物，但又不清楚地说明为什么这个中介必须是人。不过，我们还是接受通常的说法，不要再吹毛求疵了吧。总之，从这一意义来看，我们对古代叙利亚封存的祭品的认识确实没有什么“间接”可言。

还有很多这类可以接触到的遗迹。这不仅包括大量非文字的遗物，也包括大量文字资料。著名的史学方法论者对考古学的技术不屑一顾，其态度傲慢得令人吃惊，他们沉湎于记事的资料范畴和事件的活动范畴，只和这类东西打交道，若不是这样，他们就不会轻易断言历史学家的考察方法永远是被动的了。在迦勒底的一个罗马贵族墓穴里，人们发现了用绿宝石做的项链珠子，而离迦勒底最近的绿宝石矿产地是印度的中部和贝加尔湖邻近地区。显然，可以由此得出结论：早在公元前 3000 年，幼发拉底河下游的城市已与遥远的地方有贸易往来。这个推论可能对也可能不对，然而，它归纳出一个最典型的例证，推论是以对事实的观察为依据的，其他人的言论与此绝对无关。实物还不是唯一可供我们了解的第一手资料，一个语言符号、一项体现在文献上的法律条款、一种由经文来解释或由石碑来代表的宗教礼仪，同远古时代的燧石或石器时代匠人制作的斧子一样，都是实际存在的事物，我们完全可以运用自己的智力来了解这些东西，并加以阐述，而并不需要其他人来代为解释。让我们回到刚才的类比，可见，历史学家并非一定要通过他人的眼睛才能看到自己实验室的工作进展。确实，在实验结束之前他不可能得出结论，但是，在有利的情况下，他可以亲眼看到实验所留存的某些遗迹。

因此，我们可以用畅晓易懂的语言对无可争议的历史考察的特性加以定义。

正如弗朗索瓦·西米昂所言，对历史上人类全部活动的认识，包括对当今人类大部分活动的认识，都是对其活动轨迹的认

识。这就是历史观察最基本的特性。无论是埋在叙利亚城墙里的遗骨，或是能代表一种习俗的词语之形成与用法，还是古代或近代一些事件目击者的著述，如果它们不是一种可以通过感观来认识的遗存的“轨迹”或“痕迹”的话，那么，我们所谓难以获得的“史料”究竟意义何在呢？

至于原物在本质上是否能被感知，这些都无关紧要。如只有在阴极射线管中才能看到原子运动的轨道，有些东西因时间的影响已今非昔比，如已腐烂了几千年的蕨草在煤块上已留下了它的痕迹，再如埃及庙宇墙上所画的久已废弃的宗教典礼及其文字说明。无论在哪种情况下，重构的程序都是相同的，每一门科学都能就此举出各种各样的例子。

各个领域的许多研究者都能运用这种方式，即通过观察一种现象所产生的其他现象来认识主要的现象，但这绝不表明他们都采用了相同的方法。如一方面，物理学家就能显示物质运动的“轨迹”；另一方面，他们又不得不正视各种变幻莫测的力，他们根本无法左右这些力的运动。因为具有这些变数，所以物理学家的地位也就千变万化。人类活动观察者的处境又将如何呢？这样，又引出了年代学的问题。

所有稍微复杂一点的人类活动，都不可能加以重现或故意地使其重演。这似乎是不言而喻的，我们将在后面再讨论这个问题。心理测试可以衡量人们的智力和情感的最细微差别，测出人们最基本的感觉。这种方法只对个人适用，但几乎完全不适于测试集体心理。人们不能，即使能，也不敢蓄意激发一场疯狂的宗教骚乱或宗教运动。然而，如果要研究的事物就发生在现在或不久之前，观察者就不会如寻找遗存的“轨迹”那样难以着手。不论他多么无能，也能重述或按照自己的好恶来描绘其发展的状况，他可以将其中某些东西逐字记录下来。这就是目击者的报道。

要使 1805 年 12 月 8 日发生在奥斯特里茨的事情在今日重演是不可能的。然而，假设我们提这样一个问题：某军团在战斗中表现如何呢？要是拿破仑在停火几小时后想知道这一点，他只要叫部下作个汇报就行了。如果根本没写过这部公开或秘密的报告，或者成文的报告已遗失，那么，我们为拿破仑假设的问题就算白提了。如同其他许多比这更重要的问题一样，它很可能永远不会有答案。历史学家提出问题，但他并不幻想能像尤利西斯那样使幽灵复活，纳库里阿的奇迹早已过时了。除了前代留下的史料可供我们思索之外，没有其他办法能使时光倒转。

不应夸大"现时"的优越性，假设在奥斯特里茨的某兵团官兵已全部阵亡，或者简单地说，在幸存者当中，再也找不到记忆和注意力可靠的目击者，那么，拿破仑也未必能比我们更了解战况。任何人哪怕稍微参与过一次大战役，就会明白，有时根本不可能在战后几小时内确知主要的战况。有必要指出，并非所有的历史"轨迹"都能说明过去，以启未来。如果海关在 1942 年 11 月没有每天登记商品进出口的情况，我在 1942 年 12 月就根本无法知道前一个月的外贸状况。总之，如前所述，研究远古和近代之间的差别仅仅是一个"度"的问题，它并不涉及研究的基本方法，当然，差别是重要的，但只有考察后果才是恰当的。

我们可以下一个定义："过去"就是以后不会改变的资料。但对过去的认识却在渐渐深化，这种认识时常变化，并日益完善。如若不信，就请回顾一下近一百多年来的进展吧：许许多多人类活动的领域已从黑暗中显露了出来，人们已揭开古埃及和迦勒底神秘的面纱。在中亚湮没无闻的古城里，人们发现了死文字和久已失传的宗教。最近，在印度河岸边的墓穴里，发现了确切无疑的古代文明。不仅如此，聪明的学者还在查阅古代文献，发掘古代的遗址，从而使历史的画面更为丰富多彩。然而，或许这还算不上唯一的最有效的方法，一些过去未为人知的研究技术业

已问世。人们利用语言学来考订古代的习俗，通过研究工具来考察古代的工艺，在这些方面，我们的水平都已超越前人。而且，我们已知道怎样更深入地分析社会发展状况。对大众礼仪和信仰的研究刚刚起步，经济史也才初具规模。就在不久前，库尔诺根本想都没想过是否要把经济史列入各类历史研究的范围之中。

所有这些都是确确实实的，它给我们带来极大的希望，但希望并不是无止境的。如化学那样的科学可以开创自身的题材，实质上具有无限发展的意义。历史学却不行，历史研究者从来不能无拘无束，历史是历史学家的暴君，它自觉或不自觉地严禁历史学家了解任何它没有透露的东西。在文献上没有详细记载墨洛温王朝时期的物价，因此，我们永远无法列出当时的价格统计表。再如，我们能从帕斯卡和伏尔泰同时代人的私信及忏悔录中了解人们的思想，我们却永远无法充分了解11世纪欧洲人的思想，因为仅存一些用传统风格撰写的蹩脚的人物琐记。由于这些缺欠，那一整段历史就难免显得苍白而又缺乏个性。还是不要再抱怨了吧。人们时常嘲笑历史学这门年轻的学科不够成熟，但是，面对着不可逆转的命运，与那些根基坚实的学科相比，我们的处境却未必更差。这是一切以过去为研究对象的学科共同的命运。即便文献匮乏，史前史的研究者仍力图重构石器时代的宗教仪式，古生物学家也要从蛇颈龙的骷髅中找到它的内分泌腺。在同样的情况下，前者未必比后者更无能为力。“我不知道。我没法知道”。这种话听起来总是不顺耳的，尚未竭尽全力进行过研究的人是不应该讲这种话的。不过，有时即便是最严谨的学者，在进行各种尝试之后也只得老实承认自己的无知。

2. 证　　据

“在这里发表出来的，乃图里邑人氏希罗多德的研究成果，他之所以要把这些成果公之于世，是为了保存人类已取得的那些

伟大成就，使其不致因年代久远而湮没不彰，为了不使希腊人和异邦人那些可歌可泣的丰功伟绩失去应有的光彩”。这是西方第一部史书的卷首语。这部书流传至今，只有少许残缺。为了说明问题，让我们把希罗多德的《历史》与法老时代埃及人放在墓穴中的游记加以比较，然后，对比一下这两大范畴的原型，将历史学家所掌握的形形色色史料加以划分，就可以看到，第一组的证据是有意的，而第二组则不是。

为了寻找资料，一方面，我们阅读希罗多德和佛罗莎特的史著、霞飞元帅的回忆录，以及当时英德两国报纸就护航舰在地中海遭袭事件所作的截然相反的报道。我们所做的，正是作者希望我们做的事。另一方面，《死者书》中的信仰表白，是为了让危在旦夕的人向神吟诵。湖边的居民把垃圾倒入附近的水中，只是为了棚屋的清洁，而今日的考古学家却要把这些东西复原。罗马教廷的豁免令被小心翼翼地藏在修道院的保险箱里，也只是为了有朝一日与那位胆敢干预教义的主教摊牌。上述各种行为根本就没想到要影响当时或后来的历史学家的看法。在 1942 年的今天，中世纪史专家可以查阅意大利卢卡的西丹姆家族的商务通信档案，然而如果他竟敢去动一动当今金融家的档案，就会被他们斥为胆大妄为。来源于叙述的资料（让我们沿用这个雕琢而神圣的习语），也就是那些有意要影响读者的记载，仍然对学者的研究具有价值，它还有另一个好处，尽管这些叙述不够连贯，但通常只有这类资料能给我们提供一个编年的框架。要是没有希罗多德的记载，史前史专家和印度历史学者该怎么办呢？然而，在发展的进程中，历史研究无疑认为第二类史料更为可靠，也就是那些目击者无意识记下的证据。我们只要将洛林或尼布尔所著的罗马史与当今一些简短的罗马史论文加以比较，就可以看出，前者的大部分史料取自李维、苏托尼阿斯和弗洛鲁斯，后者的主要依据则是古代的铭文、纸草文书和古币。唯有通过这种方式，才能重

新完整地揭示历史的横断面。所有的史前史、经济史和社会结构史的研究概莫能外。即使在今天，我们更想搞到的不正是官方的内部文件和绝密的军事报告，而不是那些 1938 年、1939 年的所有报纸吗？

这并不是说第二种类型的史料不会出错或作伪。有许许多多伪造的训令，大使的报告和商务信件的内容也未必全部真实可信。就算有这种欺骗行为，至少它也不是要着意欺骗后人的。而且过去不经意中留下的遗迹还可以填补历史的空白，考辨史实的真伪，也可以帮助我们预防无知或失实这类绝症。若不是借助这类史料，当历史学家将注意力转向过去之时，难免会成为当时的偏见、禁忌和短视的牺牲品。中世纪史专家就会认为农村公社无足轻重，因为中世纪作家很少谈及农村公社；他们就会忽略强大的宗教势力，因为在当时的文献中这类记载的重要性远不如贵族战争。总之，求助于密芝勒所喜爱的形象，历史学将不再是旧时代的大胆探索者，而成为旧编年史家亦步亦趋的门生。

而且，即便急于要找到证据，我们首先注意的也不再是文献记载。一般来讲，如果允许偷听的话。我们总会竖起耳朵倾听那些人们不打算说出来的事情。圣西门的著作中究竟哪些对我们最有启示呢？是那些虚构的君主制下的事件报道呢，还是《回忆录》中有关太阳王宫廷里那位大贵族思想的精彩阐述呢？中世纪的作家撰写了许多使徒行传，他们自以为描述了这些虔诚人物的生涯，但其中至少有四分之三并没有告诉我们多少实质性的东西，而从另一方面来看，假如我们把这些传记作为反映作者所处时代的生活和思想材料，来加以参照（所有这些都是作者在无意中透露出来的），其价值就无与伦比了。尽管我们难免受到过去的制约，并永远只能通过昔日的“轨迹”来了解过去，我们对过去的了解还是要比它本身愿意告诉我们的更多。这才是我们的成功之处，确切地说，这就是精神对物质的辉煌

胜利。

一旦我们不再完全相信前人的文字记载，而执意从中发现他们不愿说出的东西，那就更有必要质疑问难、反复论证，这肯定是正规的历史研究的首要前提。

许多人，甚至包括某些历史学手册的作者，对历史研究的程序持有非常简单化的看法，他们认为先要有史料，因而历史学家就收集史料、审读文献、考辨真伪，然后，也只有在这时才加以应用。这种看法是有问题的，历史学家从来不是这样工作的，尽管有些人突发奇想，自以为是这样干的。

即使是看来明白无误又极有价值的文献或考古资料，也只有在经过适当分析之后才能说明问题。在索姆河的冲击层里有许多人工燧石，而在布歇·德·波尔特之前，并没人对此加以研究，也就没有史前史可言。作为一个长期研究中世纪史的学者，我深知值得研读的莫过于契据簿，那是因为我知道该怎样来研究它们；而古罗马的铭文辑录却对我用处不大，虽然多少能读懂一点，但我不知如何分析研究。换句话说，着手研究历史时任何人都是有目的的，开始时肯定有一种指导思想。纯粹消极的观察(假设有这种情况)，绝不会对科学有所贡献。

当然，我们不应该犯错，对史料的质疑很可能是出于本能的行为。尽管如此，错误还是难免的。学者并没有意识到，过去的信念和禁忌、传统思想和习以为常的见解，乃至世俗的偏见会侵蚀他们的大脑，支配他们的思想，我们绝不像自以为是的那样毫无成见。对一个新手的劝告最糟的莫过于教他耐心等待，劝他从文献中寻找灵感。这种行为使本来设想不错的研究陷入僵局或绝境。

当然，质疑的方法必须是富有弹性的，是可以随机应变、因地制宜的，而它又有磁铁一般的吸引力，最终能使人在资料中有所发现。探险者清楚地知道，虽然制定了旅程方案，却未必会完

全按照计划的路线走，而如果没有方案，他就会一直漫无目的地闲逛。

历史证据的类型之多简直不胜枚举。一个人的言论文字、所制造的产品以及接触过的东西，都可以也应当能够使我们对他有所了解。有趣的是，不妨注意一下有多少对历史研究一无所知的人却低估了这种可能性。因为他们仍抱着陈旧的史学观念不放，而昔日的历史学家甚至还不懂得怎样辨认有意制造的证据。在非难“传统史学”时，保尔·瓦莱里曾举例说明：“电征服了地球，它对人类历史的意义和未来的潜在影响远远大于所有政治事件的总和。”尽管如此，历史学却对这类值得注意的现象熟视无睹。对他的看法，我们表示由衷的赞赏。令人遗憾的是，迄今尚无人重视这个庞大的课题。瓦莱里或许感到批评得过于严厉了，又为历史学家开脱他所责难的错误，又说，由于缺乏专门的资料，历史学家必然无法正视这一问题。当矛头从学者转向学科时，这一回他所发的牢骚就敲错了门。谁能相信电气公司没设档案，没有耗电记录和扩大电网的图表呢？事实是，迄今为止历史学家根本就无视这些资料。除非档案保管员把那些资料视为至宝而秘不示人，否则，该责怪的还是历史学家自己！还是耐心点吧，历史学并未达到其应有的成就，但不能因此而把历史学当作替罪羊，错误应归咎于那些劣等的史著。

史料的多样性令人吃惊，因而导致了严重的困难。我们试举出几个历史专业上悬而未决的自相矛盾之处。

如果认为研究每个历史问题都具备专门的资料，那简直是幻想。相反，研究越深入，就越可能从不同来源的资料中发现证据。宗教史家怎么会满足于查阅少量神学手册和赞美诗呢？他完全知道，教堂墙上的壁画、雕塑及墓穴里的陈设，同当时的抄本一样都能反映出死者的信仰和情感。我们已有的关于日耳曼入侵的知识，不仅来自对契据和编年纪的研究，也来自古

墓的发掘和地名的考证。要了解当代的事务，情况也同样如此。要了解现代社会，难道仅仅埋头阅读议会争论和内阁文件就足够了吗？还要具有研究财务报表的能力，而不至于像外行对象形文字那样对此一无所知，难道没有这个必要吗？在机器盛行的时代，难道能允许历史学家对机器的构造和改进视而不见吗？

几乎研究所有重大的人类历史问题都要求掌握各种不同类型的证据，那么，就有必要根据证据的类型划分专业的分支。要学会其中一种都得花费很长时间，要全部掌握这些技术就需要更长的时间，还要不断操练。例如，没有学者敢自诩既能审读中世纪的契据，又能正确诠释地名的起源，既能确定史前时期、凯尔特时期或高卢—罗马时期民居遗址的年代，又能分析适合生长于牧场、田野或沼泽地的植物。然而，没有这些能力，谁又胆敢声称自己已具备了撰述土地史的能力呢？看来，几乎没有一门科学像历史学那样需要同时具备不同的手段，而在动物王国中，人的行为最为复杂，因为人是万物之灵。

认识到工具的重要性和掌握工具的难度，至少历史学家应该对本专业所有主要的技能有所了解。这种做法是可取的，在我看来，也是必不可少的。我们要求初学者应掌握的“辅助学科”还是太少了。一个唯有通过语言才能对研究对象有所了解的学者，居然对语言学的基本知识一无所知（且不论其他缺陷），这不是太荒唐了吗？

但是，无论我们如何努力使学者多才多艺，他们仍然会很快发现自己能力的局限性。看来，只有以合作的方法取代个人掌握多种技能的做法，舍此别无他途。可以由各种专家共同研究某个专题。合作精神是先决条件，还需要对一些主要问题取得共识，并事先作出界定。要达到这些目的还有很长一段距离，然而，从长远的观点看，这最终会成为未来历史学的主流。

3. 证据的流传

历史学家最困难的任务之一就是要收集必需的资料，如没有各种指南，他根本无法收集资料，这类指南有档案图书目录、博物馆的索引、各种各样的书目提要，等等。有些学者为编这类工具书牺牲了大量时间，要掌握这些工具书也得花费大量时间。有人对此颇不以为然，在他们看来，这种事情即使有某些内在魅力，也毫无浪漫色彩可言。把时间虚掷于此简直是浪费精力。假设我对圣徒崇拜者的历史很感兴趣，却对波朗德派神学家编的《圣徒行传目录索引》一无所知，由于在这方面功底太浅，我必然会因此付出愚蠢而无益的代价，其代价之大是外行所难以想象的。图书馆里保存着大量工具书，还有专门的指南手册介绍其分类细目，这并不值得大惊小怪。真正令人遗憾的是，这类书不是太多而是太少了，最近这段时期则更少，尤其在法国，这类书的编写几乎没有一个合理而全面的计划，时常会因某些人的变卦而中止，出版社也时常削减这类书的出版。埃米尔·莫利居那本《法国历史资料集》编得相当不错，可自 1901 年问世以来就从没修订再版过。这一简单事实本身就是严厉的控诉。当然，工具不会产生科学，但一个自称尊重科学的社会绝不应该忽视工具。当然，完全依靠编工具书为生的学术机构也是不明智的，他们吸收新成员讲究资历的做法和保守的学术观念，更不利于培养开拓精神。已进入汽车时代，我们的军事学院和总参谋部却死抱着牛车时代的观念不放。

这种情况在法国并非独一无二。如果学者对他要开拓的领域没有初步的设想，那么工具书编得再好再多也无济于事。事实并不像有些初学者所想象的那样，史料会如同神仙变物一般突然自行变成你想要的东西。史料能否从这家档案馆或那家图书馆的角落被发掘出来，全靠人为的因素，对此应该加以研究。史料在流

传时所遇到的问题与过去的生活有相当密切的关系，这不仅对技术专家有重要意义，而且涉及上一代如何将记忆传给下一代的关键问题。一部严肃的史书总会附有参考资料的目录和引文出处，这很好，但又不够，每一本名副其实的历史著作都应包括一章自白，或在适当的地方插入几段，小标题可写成“写作缘起”。我相信，即使是外行在阅读这类“自白”时，也能体验到一种精神乐趣。了解一下研究工作的酸甜苦辣是绝不会味同嚼蜡的，只有平庸的文章才是枯燥无味的。

有时我得接待一些人的来访，他们想编撰本村的方志。我总是给他们如下忠告（为了避免一些学术细节，我说得简单一点）：“除了最近这些年，农村是没有什么档案的。另一方面，长期以来，领主制却发展得相当完善，领主通常早就开始保存有关文书，有关 1789 年之前的历史，尤其是古代历史的史料，即你所希望得到的主要史料均来自领主文书。‘在 1789 年谁是庄园的领主呢？’你首先得回答如下问题，这是一切的关键（事实上也可能由几个领主统治一个村庄，但为使问题更为简明，我们暂且排除这一假设）。存在着 3 种可能性：领主可能由教士担任，或可能属于在法国大革命时期迁往外地的移民，也可能是没有移居外地的当地人。第一种情况最为有利，那些文书可能既古老又保存完好。根据民法有关教士的条款，这些东西肯定已于 1790 年连同土地一起被没收了，后来被存放于公共机构，很可能完整无缺地保存至今，可为学者利用。假设领主已移居外地，那也还可以。在那种情况下，文书应当被没收或转手，当然也可能被当作可憎的旧制度的遗毒而被人任意销毁，最怕发生这种事情，也不是没有这种可能，果真如此就糟了。如果旧贵族没离开法国，或由于公共安全法，他们的财产将安然无恙。因为各地都废除了领主制，他们当然已丧失领主权，但还保存全部私有财产，其中也包括事务性的文件。由于这些文件未被国家充公，在这种情况

下，我们要找的东西将面临和其他家庭文件一样的命运：既未遗失，也没给老鼠啃坏，更没有因主人出售家产或遗产交割之类变故而散落在几处房子的小阁楼内，可谁也没法强迫文件的主人允许你去查阅这些文件。”

我之所以举这个例子，是因为它相当典型地说明了收集史料的先决条件。对此作一些深入的分析将是十分有趣的。

刚才我们已看到法国大革命时期没收财产的作用，它就像一位庇护学者的女神，尽管她名为“灾难”。无数古罗马的自治城已变为意大利平凡的小村庄，考古学家要在此发掘一点古代的遗址真是困难重重，而维苏威火山的爆发却保存了整个庞贝城。

当然，灾难并不总是有利于历史学的。价值无比的古罗马帝国政府文件连同成堆的文学、历史手稿就曾在蛮族入侵之时毁于一旦。我们也曾亲眼看见，在这块具有光荣传统的土地上，有多少历史纪念馆和档案库在两次大战中被夷为平地。我们再也不能翻阅古代伊普尔商人的信件了。在法军溃败之际，我也曾看到人们故意把军事文件烧为灰烬。

有时，社会的持续和平也未必如想象的那样对史料的流传十分有利。革命者冲破了保险柜的铁门，部长们还来不及烧毁秘密文件就仓皇出逃了。在早期的司法档案中，有关破产的记录向我们透露了商务文件。若在当年这些文件过了有效期，肯定早就被送到造纸厂去了。好在修道院的体制经久不衰，圣丹尼斯大教堂直到 1789 年仍保存着几千年前墨洛温王朝国王授予他们的特许状，今天我们可以在国家档案馆查阅这些东西。假设圣丹尼斯的教士逃脱了法国大革命的冲击，他们能容忍我们染指这些珍藏吗？恐怕耶稣会也不会允许外人接近其收藏吧。那么，近代史上的许多问题也就毫无希望得到澄清了。法兰西银行也不会邀请研究第一帝国史的专家来查阅积满尘埃的案卷吧。黑社会的精神实际上是各种团体与生俱来的。这样，如今的历史学家将发现自己

处于十分不利的地位，也就是根本无法探知人们不愿吐露的秘密。自然，他可以把朋友在耳边透露的一点内幕消息作为补偿，而令人遗憾的是，历史学家的智力是有限的，要辨别流言的真伪又谈何容易。一场大动乱反倒有助于历史的研究。

因此，今后社会应当有组织地控制有关资料，以使人类更理智地认识自我，而不再靠动乱来获取资料。要做到这一点，必须坚持两大原则，以防止疏忽和无知。疏忽将导致资料的遗失，而更可怕的则是热衷于保密，外交事务、商业往来及家庭私事均秘不示人，甚至销毁有关资料。公证人自然不应披露委托人的情况，但法律居然不允许他把祖父辈委托人的合同书公之于世，而宁可让这些文件化为灰烬，这种做法实在是太落后于时代了。许多大企业拒绝发表那些对国民经济正常运行必不可少的统计资料，这也是不可取的。一切皆须保密已成为行为准则，甚至几乎成为资产阶级的道德观，或许在哪一天这种观念会被渴求信息和交流信息的观念所取代，那么，我们的文明将向前跃进一大步。

还是让我们回到乡村史的话题吧。这个特殊的例子表明，证据的保存和遗失以及能否到手取决于一定的历史条件。史料所反映的情况并不费解，尽管研究的结果取决于史料，但史料与研究的对象却没有逻辑的联系。因为，史料的主人当时并未意识到要为几百年后的中世纪乡村研究提供或多或少的资料，他也不会考虑是否要与聚集在科柏兰兹的研究者通力合作。没有什么比这一点更显得矛盾突出了。如果说我们对古罗马治下的古埃及要比对同时代的高卢更为了解的话，那并不说明我们对古埃及人更有兴趣，而是因为那里干燥的气候、沙漠及制作木乃伊的习俗使古代的文献得以保存，在西欧的习俗和气候条件下，这类文献早就荡然无存了。能否成功收集资料的条件和想要获得资料的理由并不是一回事。这一不合理而又不可避免的因素使研究带有一种固有的悲剧色彩。许多有识之士由此发现自己的局限，找到了失败的

内在原因。

上述事例表明，一旦掌握决定性的因素，几乎就可以预知那些庄园史料的下落。但情况并非总是如此，有时，许多单个因素的相互交叉才决定最终的结果，这是根本不可能预测的。据我所知，历史悠久的圣·贝洛特·卢瓦尔大教堂的档案曾遭到四次火灾和一次抢劫，在这种情况下，又怎能预测劫后幸存的是哪种文献呢？手稿的流传本身就是一个有趣的研究课题。文献还要经过图书馆的整理和抄录，而图书管理员和抄写者的工作作风既可能一丝不苟，也可能粗枝大叶。用一句话来说，文献的流传与现实生活中文化主流的盛衰沉浮息息相关。即使是知识渊博的学者，也无法预知早已失传的塔西佗手稿《日耳曼尼亚志》会在16世纪的赫茨菲尔德教堂重见天日。总之，能否找到史料是难以预测的，因此就具有偶然性。一位很熟悉的同事曾告诉我，有一次他被困在炮火纷飞的敦刻尔克海滩，不知会不会有人来营救，战友看到他脸上并未露出焦急不安的神情，不由惊讶地喊道："奇怪！在这种命运难卜的境况中，你居然还满不在乎呢！"我的同事本可以这样回答：尽管大多数人抱有偏见，探索的精神却不会任凭命运的摆布。

我们在前面曾经提出，认识历史和认识现实的方法是不是相互对立的呢？现在答案已经有了。研究现实和考察历史自有其不同的手段，根据各自的情况，两者各有所长。前者能更贴切地把握现实生活，后者在研究中却拥有前者不可能具备的有利条件。尸体解剖为生物学家揭示了许多秘密，而活物研究在这方面是无能为力的，同样，活物研究所能说明的问题，尸体解剖也是无法回答的。然而，无论研究什么时代，观察的途径几乎都取决于人留下的"轨迹"，这一点是基本一致的。可见，研究要取得成效，就必须遵循考证的法则。

第三章　历史的考证

1. 考据方法的历史概要

尽管对考证的理论一窍不通，再天真的警察也知道，取证不能仅仅以人们的证词为依据。同样，人们也早就知道，不可盲目地轻信所有的史料。人们早已有过这样的经验：发现为数不少的抄本伪造年代和出处，有些记载全是虚构的，甚至有些实物也不过是赝品。在中世纪，面对着大量的假货，人们自然养成了质疑的习惯。11 世纪，法国洛林的一个乡绅被一伙手持文字证明的教士所控告，这时他愤怒地喊道："任何人都能用墨水想写什么就写什么!"有名的文献"君士坦丁的赠礼"——所谓第一位基督教皇帝颁发的特许状，就是 8 世纪一位罗马教士伪造的。300 年后，虔诚的鄂图三世周围的人曾对其提出质疑。假古董几乎从一开始就被人揪住不放。

头脑简单的人容易轻信，而过分多疑也不可取，它未必能导致积极的后果。第一次世界大战时，我曾结识一位有名的兽医，他根本就不相信报上登载的任何消息，这也许情有可原，但他却热衷于道听途说，对那些荒唐透顶的谎言偏偏深信不疑。

同样，也不能过分依赖以常识为标准的考证方法，这种方法是人们长期应用的唯一方法，至今对某些人仍颇有吸引力。实质

上，所谓的常识往往不过是一些荒唐的假设和仓促归纳出的经验之混合物。在物理学界，这种所谓的常识否认对立的同时存在，至今仍反对爱因斯坦的宇宙论。它只能处理希罗多德记载的那类传闻。希罗多德曾写道：当船在非洲海岸转向时，海员们发现，在某个方位太阳是西升东落的。在处理人类事务方面，常识最糟糕的地方就是把一时的观察所得拔高为永恒的真理。这也是伏尔泰批判方法的主要缺陷，虽然它在其他方面颇具洞察力。每个时代都有其特殊性，有些思想意识在当时是很普遍的，在今天看来却感到很特殊，这是因为我们已不再有类似的思想。按照“常识”来判断，鄂图一世绝不会无偿授予教会大片领土来取悦于教皇，因为这既不符合他以前的行为，也和其以后的做法不一致。然而，此事的权威性又不容置疑。我们不得不承认他的思维方式与我们迥然不同，那个时代，人们言行不一的程度委实令后人吃惊。

正如沃尔内所言。当人们从“怀疑”发展到“考证”时，历史考据学才有了长足进步。也就是说，人们已渐渐制定出一套辨别真伪的客观标准。杰苏伊特·帕佩布洛克在《使徒行传》中对中世纪早期文物都深表怀疑，认为保存在大教堂里的墨洛温王朝的特许状全都是伪造的。“不！”马比昂这样回答。他认为，有些特许状肯定已经过润饰，有些内容曾被篡改，也有一些全系伪造，但也确实有一些真本，问题在于如何去伪存真。1681 年《古文书学》的问世，标志着档案文献考据学的创立，这是人类思想史上的一件大事。

而且，此书的出版在考订方法史上也具有普遍而重大的意义。在此之前，人本主义的学者曾在这方面有些初步而直接的尝试，但没有深入下去。蒙田《随笔》中的一段话就是典型的例子。蒙田在书中为塔西佗记载凶兆祥瑞辩解。他说，探讨“共同的信仰”是神学家和哲学家的事情，历史学家的职责在于根据资

料来叙述历史，“他们以所知的史实，而不是以自己的评价来表述历史”。换句话说，以某些自然界或神学界的观念为依据进行哲学的批判是理所当然的，因此，蒙田认为史家记载韦斯巴芗的奇迹或其他类似的东西也是情有可原的。蒙田显然不懂，对这种事情进行考证，尤其是历史的考辨是完全可行的。历史考据学形成于 17 世纪，真正的鼎盛时期是 17 世纪下半叶，人们有时会搞错这个年代。

当时，人们已对考据有所认识。1680 年至 1690 年期间，人们常把“历史怀疑论”斥为赶时髦。米歇尔·勒瓦瑟曾这样为“历史怀疑论”辩解：“善于质疑问难而不轻信盲从，才称得上思维严谨。”“考据”一词以往不过是指辨别味道之类的事情，此时才赋有检验真理的新含义。起初，人们还不敢理直气壮地用这个词，往往说“用这个词并不妥当”，言下之意等于说这个词还仅仅是个技术用语。然而，它渐渐为大众接受。博绪埃对这个词避之唯恐不及。当他说什么“我们的考据家”时，人们可以察觉到他那不以为然的神态。相反，理查德·西蒙却在其所有的著作中都用这个词为标题。“考据”并没有使人们过于谨小慎微，它标志着新方法的诞生，这种方法放之四海而皆准。用埃里斯的话来说，考据学“犹如一支火炬，照亮了黑暗的历史长廊，使我们能够辨别真伪”。培尔讲得更清楚：“西蒙在其新著《答辩》中制定出一些考据的法则，这不仅对诠释《圣经》本文帮助极大，而且对审读其他文献也不无裨益。”

让我们查核一下几位考据学家的出生年月。帕佩布洛克（虽然他对墨洛温王朝特许状的看法有误，但仍不愧为历史考据学的创始人之一）生于 1628 年；马比昂生于 1632 年；理查德·西蒙（其著作的问世标志着《圣经》诠释学的开端）生于 1638 年。在学者之外，还可加上斯宾诺莎，他生于 1632 年，撰写了《神学政治学论》，此书堪称语言、历史考据学方面一部炉火纯青的杰

作。从严格意义来说，这是名副其实的一代人，其出生年代之接近简直令人吃惊，更确切地说，这一代人出生之时，正是笛卡儿的《方法论》问世之日。

当然，我没必要称他们为笛卡儿时代的人。马比昂就是一个虔诚的教士、朴素的东正教徒，他最后一本小册子是论《死亡的基督徒》。当时许多虔诚的宗教人士大多对新哲学持怀疑态度，马比昂也不太可能对新的哲学观点有多少直接的认识。即使他浏览过这方面的著述，也不会赞许其中的大部分观点。不管克洛德·贝尔纳在其著作中对那些所谓有名的章节提出过什么看法，笛卡儿的确试图通过系统的质疑并用数学论证来求得真理；而历史考据学和实验科学则以逐步接近的方法来考订事实，两者几没有多少共同之处。哲学孕育着整个时代的思想，但并不是说就一定要以千篇一律的公式框住人们的思想，也不等于说大多数人都要受到哲学思想的支配，人们只是不知不觉地受到它的影响。同笛卡儿的“学说”一样，史料考订学也自有其信仰的“白板”(tabularasa)。它无情地打破旧的框架，唯一的目的就是推陈出新(或为新说创造条件)，然后加以周密的论证。换言之，它彻底改变了人们的旧观念，在此之前，无论“质疑”使人感到刺痛，还是受到品德高尚人士的赞赏，人们还是将“怀疑精神”视为纯粹消极的思想倾向和虚无主义；在此之后，人们则认为，合理的怀疑是获取新知的必由之路。恰恰是在思想史关键时刻，出现了这种观念。

总之，当时已确立考据方法的基本准则。其影响也非同一般，18世纪巴黎大学在竞争激烈的哲学考试中曾出过这类颇有现代色彩的考题：“人们是如何证明史实的?”当然，这并不等于说后代没有大大改进考据的方法，可毕竟是这一代人首先推广了考据学，并拓宽了它的应用范围。

在很长一段时间里，几乎只有一小部分学者、经学家、文物

鉴赏家坚持应用考据的方法。撰写高层次历史著作的作者不愿意将精力花在这类实验手段上，在他们看来，考据实在是太烦琐了，甚至对别人的考据成果也不屑一顾。正如洪堡德所言，化学家可不能怕弄湿手。对历史学来说，将整理史料与编纂史书完全割裂开来，也会带来双重的危害。轻视考证使人们阐释历史的尝试从一开始就带有极大的缺陷。它不仅使人们忘却求实这一历史学基本职能，而且使历史学难以不断更新，无法取得惊人的发现，结果，必然使它在陈旧的模式中徘徊不前，因为，唯有通过艰苦的资料整理工作，才能有所更新和发现。另一方面，也使资料整理工作受害不浅。由于没有明确的目的，人们就可能老是在那些深奥冷僻又无关紧要的问题上做文章，不冷不热的博学游戏无非是虚掷光阴，把手段当目的，为考据而考据简直是在浪费精力。

时至19世纪，为了抵消这些危害，人们自觉地作出了不懈的努力。德意志学派、勒南、浮士蒂尔·德·古朗治使博学达到了理性的高度。历史学家又被召回到工作台边。是不是大获全胜了呢？这样想就未免太乐观了吧。研究工作仍然常常处于盲目徘徊的状态，并不明确其用途何在。考据学尚未赢得“主人”由衷的赞许。“主人”的支持对任何学科的精神状态都是关系重大的，对历史学尤其如此。作为研究对象的人都不理解我们的工作，我们又怎能认为已大致完成了自己的使命呢？

事实上，我们并没有彻底完成自己的使命。有时连一些出色的历史学家也免不了画地为牢的陋习，错误的教学观取代了名副其实的历史概括，枯燥无味的历史教科书泛滥成灾，可笑的自卑使历史学家离开书斋就怯于向世人介绍自己是如何探索研究方法的。长期以来，正是各种互相矛盾的偏见造成了这些恶习，历史学的精华因此而大为逊色。他们蓄意以伪造的历史迷惑无知的群众，厚颜无耻又自以为是，在其史著中充斥着形象化的垃圾和政

治偏见，而绝无半点学术的严肃性。莫拉斯、班维尔和普莱克汉诺夫对此加以首肯，而浮士蒂尔·德·古朗治和皮雷纳则大摇其头。读书界与史学界之间无疑存在着误解。人们对历史研究的实际状况及其前景所知甚少。有关脚注的大论争并不是偶然产生的，两派人物就此展开了一场荒唐的决斗。

书页下端的空白对不少学者极有吸引力。有些参考书目可以在卷首列表说明，却把它们挤入书页的下端，这显然是不合理的。更糟的是，纯粹是因为懒惰，便把本来应在正文说明的内容变成大段的注释，以至于人们不得不从脚注来了解作品的主旨。当然，也有某些读者动辄抱怨，说一看到脚注就头晕，有些出版商也声称其顾客讨厌这种字体不一的印刷品（事实上人们未必像他们所说的那样过敏），这些唯美主义者只不过表明自己对学术道德最基本的准则一窍不通罢了。除非是自由的想象，历史学家必须言之有据，正是出于实事求是的信念，他们才简要地注明资料的来源，以备查阅。尽管人们对阐明真相并不抱有敌意，但由于教条和神话的恶劣影响，当前的舆论很不重视考核事实。我们只要不因卖弄学问而败坏历史考据的声名，就总有一天会说服人们，把是否欢迎商榷作为尺度，用来衡量一门学科的价值，理性的力量终将取得辉煌的胜利。那些不起眼的注解和令人讨厌的参考书目，虽然眼下因得不到理解而遭到嘲讽，它们却正在为那一天的到来而做着孜孜不倦的努力。

早期学者整理过的史料，大都署上他们的姓名，或者按照传统注明某人某时所作，内容大多是有目的地叙述这样那样的事件。他们说的是实话吗？所谓《摩西五经》果真是摩西写的吗？署有克洛维大名的特许状是真迹吗？《出埃及记》和《使徒行传》内容又有多少根据呢？这的确是个问题。由于历史学越来越注重无意识的证据，不再为资料中那些显而易见的论断所束缚，因此就必须从史料中挖掘出前人所不愿提供的东西。

考据的原则既可以用于肯定，也可以用于否定。例如，我面前有一批中世纪的特许状，其中有些标明了年代，有些没有标明，注明年代的必须加以证实，因为年代可能有误，未注明的首先需要确定其年代。在两种情况下，我做的是同样的工作。即以原稿（假如它是原件）为基础，根据行文的拉丁文风格、它所涉及的制度以及说明法令制定经过的条文，我测定某些特征与已知的公元 1000 年左右法兰西公证人的行为相吻合，假如特许状上注有墨洛温王朝的年代，那么这显然是作伪；假如特许状没有标明年代，那么，我就考出了相近的年代。同样，考古学家如以年代和所属的文明为依据，对原始社会的生产工具加以分类，或以此来分辨假古董，都将遵循同样的基本法则，即通过研究、比较来确定制作的工艺和类型。无论是肯定还是否定，所用的方法是基本一致的。

历史学家并不是粗暴的检察官，那些小册子往往把他们描绘成铁面无私的形象。要知道，历史学家并没有变得轻信自大，他知道自己的论证也可能不对或曲解，但其主要的兴趣还是搞清史料，让史料说明问题，而无须更改其主要原则。考证的方法自有其长处，它成功地引导历史研究走向更远大的目标。

错误的证据不仅激发人们去探寻求真的技能，而且可以进一步成为改进考据分析方法的新起点，否认这一点肯定是错误的。

2. 辨 伪 正 误

在所有歪曲证据的毒素中，最致命的莫过于有意作伪。

作伪有两种形式。第一种是假冒作者和年代，用法律语言来说就是犯伪证罪。有玛丽·安托瓦内特签名的信件并非全是她的亲笔信，其中有些是 19 世纪的伪造品。所谓赛佛尼斯皇冠曾被当作公元前 3 世纪西徐亚—希腊时代的古董，售与卢浮宫，其实是 1895 年在敖德萨市雕刻的赝品。第二种形式是内容的不实。

《高卢战记》的作者是没有争议的，但恺撒有意识地在书中歪曲和隐瞒了大量事实。陈列在丹尼斯大街的“大胆的菲力”塑像，是在国王死后为葬礼定做的，但种种迹象表明，雕刻家只不过按照一般的模型造了个徒有虚名的肖像罢了。

两种类型的作伪所造成的不同问题必须用不同的方法来解决。

大多数伪造署名的著述其内容也肯定是假的。《犹太人贤士议定书》并非出自犹太长老之手，内容也荒诞不经。假如经过考订，证实一份所谓“查理大帝的特许状”是 200 年或 300 年后伪造的，那么，查理对教皇的赐予也就纯属虚构。当然，也不能一概以此类推，有些赝品就是根据已遗失的原件复制的。文件系出自伪造，而内容却实有其事，但这类事例十分罕见。

反之，假如史料的出处是无可置疑的，也不能因此断定内容必然真实可信。当学者在煞费苦心考证出一份资料确是原件后，往往没耐心再去考证其内容。而且，他们尤其不愿意怀疑那些显然是由法律保证人签署的文件，如官方的诉讼书以及私人的合同。然而，这些文件未必可靠。1834 年 4 月 21 日，在控告秘密社会之前，梯也尔在给下莱茵县长的信中写道：“我劝你为即将到来的全面调查对所需文件做好审慎的处理，如所有无政府主义者之间的通信，发生在巴黎、里昂、斯特拉斯堡各种事件之间的要害关系等。总之，存在着一场牵涉全国的大阴谋，所有这些必须得到充分的反映。”毫无疑问，这就是蓄意炮制的官方文件。对有正式签章和日期的特许状也未可轻信。现在的经验就是从打消对它们的幻想着手。谁都知道，在那些正规地起草并经过公证的契约中也有不少有意的含糊之处。记得不久前，政府有关部门就曾命令将我签署的一份报告的时间加以提前。我们的前人在这种地方就更不讲究了。在王室的特许状下面常写道“颁布于某日某地”，而如果你参阅一下国王旅行的实录，就会不止一次地发

现这一天国王根本不在那里。有关解放农奴的法律文件不胜枚举，除非是疯子才会怀疑它们的真实性，据说是出于仁慈才颁布这些法令的，但我们却可以将农奴的赎身费用单据放在解放契约的旁边加以对照。

光做到辨伪还不够，必须由此深入下去，进而揭示作伪的动机。只要资料有作伪的可能，作伪的后面必有难言之隐值得进一步分析，可见，证明了它是伪造的，任务才完成了一半。考证出查理大帝在艾克斯拉沙佩勒授予教皇的有名的特许状是伪造的，这仅仅是正误，还不能完全说明问题。假如我们成功地证明是腓特烈·巴尔巴马萨的追随者在作伪，他们的目的是企图实现帝国伟大的梦想，那么，在有关这件历史公案的众多观点中，我们就提出了全新的看法。考证使我们抓住在幕后策划骗局的骗子。可见，考据学的对象也是人，它与历史学的基本准则是并行不悖的。

作伪的理由不胜枚举，要想把它们全都列举出来就未免太幼稚了。历史学家旨在使人类更为明智，他当然要记住，所有这些理由事实上都是不合理的（诚然，说谎一般来讲是出于自私和被抑制的欲望）。正如安德烈·纪德所言：有些人说谎是一种“无缘无故的行为”。那位佚名的德国学者曾煞费苦心地用地道的希腊文编写了一部东方历史，还杜撰了一个作者桑哥尼冯，他完全用不着花如此多的精力就可以成为一位著名的希腊语专家。弗朗索斯·勒诺尔芝的父亲曾是法兰西学院的院士，他本人后来也成了其中的一员，17 岁时他亲手刻制了圣爱洛教堂的铭文，连他的父亲都受到蒙骗，弗朗索斯也由此开始了他的学术生涯。甚至在德高望重之时，他还最后表演了一次绝招，曾展出一批希腊远古时期的遗物，其实这些东西都是他从法国乡村收集来的。

不仅个别人喜欢作伪，而且那是一个偏爱弄虚作假的时代。18 世纪末至 19 世纪初，前浪漫主义和浪漫主义盛行的那几代人

之间，有伪造的莪相之凯尔特诗歌、查尔顿认为是用古英语写的史诗和歌谣、所谓克洛莱尔德的中世纪诗集、维利马克编造的布来顿歌曲、据说由梅尔美译自克罗地亚文的歌词、克拉冯利·杜弗手稿中的捷克史诗，诸如此类的赝品真是不胜枚举。在那些岁月里，好像整个欧洲都回响着一曲声势浩大的谎言交响曲。在中世纪，尤其在 8 世纪到 12 世纪，弄虚作假的现象泛滥成灾。那时伪造了大量的特许状、牧师团法规、教皇法令，其中大多数自然是为了私利而编造的。例如，为教会获取有争议的财产，维护罗马教廷的权威，在教士与主教的争议中为教士辩护，在主教与大主教的争议中为主教辩护，在教皇与世俗统治者的争议中为教皇辩护，或在皇帝与教皇的争议中为皇帝辩护，这就是作伪者的唯一目的。其中有一个共同的特征，即那些被公认为最虔诚，甚至是最正直的人都会毫不犹豫地参与这种勾当。可见，作伪并不违背公共道德，甚至剽窃在当时本来就被公认为是理所当然的。厚颜无耻的编年史家和圣徒行传的作者都整段整段地抄袭前人的著作。虽然中世纪和近代在其他方面差异甚大，但在“未来主义”方面却十分一致。在中世纪，人们把前人的教导当作信仰和法律的唯一基础，浪漫主义则不仅追求时髦，而且希望将自己沉浸在原始的生命之泉中。那时的人们既受到传统的束缚，又随心所欲地对待真正的历史遗产，似乎是为了对难以抑制的创造欲作出可笑的补偿，对历史的崇拜反而驱使他们去捏造历史。

1857 年 6 月，数学家米歇尔·夏斯莱向科学院提交了帕斯卡未发表的全部信件，那是作伪大师冯雷·卢卡斯卖给这个老主顾的。这位《外省》作者的信件，表明他先于牛顿创立了万有引力定律。这使一位英国学者大为吃惊，他问道，帕斯卡怎么可能引用他死后多年才测量出的天文学数据呢？即使是牛顿在首次发表论文之前对此也是一无所知的。卢卡斯并不是唯一遇到这种麻烦的人，他又到工作台前，费尽心机地再制造赝品为自己辩护。没

过多久，夏斯莱又搞到一些新的“原件”，这回执笔人成了伽利略，帕斯卡则成了收信人。他是如此解释其中奥秘的：这位杰出的天文学家把观察的结果提供给帕斯卡，后者又进行了运算，而双方都没有公布信件的内容。事实上，伽利略死的那年帕斯卡才18岁，这又如何解释呢？在夏斯莱看来，这不过说明帕斯卡是位早熟的天才。

那些不肯罢休的反对者又注意到一个难以自圆其说的地方，在一封1641年的信中，伽利略抱怨说写东西时眼睛十分疲劳，可谁不知道早在1637年年底他的眼睛就全瞎了呢？可爱的夏斯莱迟疑了片刻就答道：“对不起，我承认到目前为止大家都以为伽利略当时已双目失明，可这是个极大的错误。我正想说，这里有一份重要的信件足以驳倒那种错误说法。1641年12月2日在另一位意大利学者给帕斯卡的信中提到，伽利略多年来视力一直下降，这几天已双目失明了。”

当然，并非所有的骗子都像卢卡斯那样富于想象力，也不是任何傻瓜都会像他那可怜的受骗者那样轻易上当。但生活告诉我们，历史也多次证实，弄虚作假就像一张网，每一个谎言都会带出一连串的谎言，以便互相帮腔。这就是为什么出名的伪造事例总是一个接一个地相继发生。在伪造的坎特伯雷教廷特许状和奥地利公爵领地特许状上有许多君王的亲笔签字，从尤里斯·恺撒到腓特烈·巴巴罗萨，真是应有尽有。在有关德雷福斯事件的伪造文件上，所签的名字简直可以排出一张家系表。从上述几个例子可以看出，弄虚作假的行为就像坏疽一样蔓延，就本质而言，一次作伪必诱发另一次。

最后，还有一种更为阴毒的欺骗，恕我直言，这是一种虚虚实实的狡猾勾当。如对真正的特许状加以篡改，以凭空想象的细节润饰一些基本可信的史实。篡改往往出于私利，润饰则是为了点缀。以错误的审美观矫饰古代、中世纪的历史著作，其恶劣后

果已被多次揭露出来。这对新闻界也未必无足轻重。即使是不那么矫揉造作的记者，在报道人物时也往往不惜脱离事实大加粉饰，绮丽浮夸的修辞传统至今遗风犹存，在报刊编辑中，不乏亚里士多德、昆体良之类修辞大师的私淑弟子。

某些技术性的条件也助长了这类歪曲行为。1917 年，间谍波洛被判死刑，一家日报登载消息说，4 月 6 日执行了枪决。虽然原先预定于那一天行刑，实际上却在 11 天以后才执行。记者在事先已写好报道，以为会在 6 日执行枪决，不去核实就发表了。我不知这件逸事是否能说明问题。当然，如此令人难堪的错误是不多见的，但由此可见，因为发稿的时间十分重要，记者对一些可以预测的事件往往事先写好报道以备急用。可以肯定，在进行实际观察后，原稿的许多重要内容都会有所更改。另一方面，为了大肆渲染，就得补充许多细节，没有人会去加以核实。至少，一般的读者不会追究报道是否属实。人们总是指望专业人员提供真实的情况，遗憾的是，新闻界尚未找到自己的马比昂。推崇古老的版本，迷恋浮夸的文风，这些都是弄虚作假的原因，它们至今仍有不少市场呢。

假如说一些无意的错误也会造成失实的话，那么我们可以把作伪分成好多等级，从十足的欺骗直到无意的疏忽。蓄意捏造事实自然会引起大多数人出自内心的反感，而对那些能满足人们一时利益的假象，大多数人却非常乐于接受。

著名的“纽伦堡飞机事件”就是个很好的例子。虽然事件的有关情况至今尚未彻底澄清，但大体是这样的：在宣战的前几天，一架法国的商业飞机曾飞越该市，它很容易被视为军事飞机。于是开始谣传炸弹扔在某地某地，民众正为即将爆发的战争幽灵所困扰，产生这类谣言是完全可以理解的。然而，事实上根本就没扔炸弹，德国当局拥有制止谣言的一切手段，却纵容这种谣传，非但不去辟谣，反而利用谎言作为宣战的借口。不过，他

们确实没有捏造事实，甚至在一开始或许只是不自觉地行骗。荒唐的谎言之所以有人相信，是因为相信它就有利可图。有各种各样的欺骗，其中不乏自欺欺人者。“诚实”一词含义甚广，用这个词时必须注意它的细微差别。

确实有不少人是诚心诚意受骗的。几十年来，对人生的观察研究已为一门即将形成的新学科——“作证心理学”——提供了方法，历史学家利用这些可贵的研究成果的时机业已成熟。从下述事例可以看出，这些发现对我们的研究是十分有用的。

贝尔纳是威廉·梯里叶的朋友和门生，有一天，他非常吃惊地发现，当年其身为教士时经常供职的教堂多角室居然有 3 扇窗，而他过去一直以为只有一扇窗，为此不禁暗暗高兴，对尘世的事情如此漠然，不正说明他是上帝最虔诚的仆人吗？贝尔纳经常这样心不在焉，据说，他曾在日内瓦湖畔旅行了一天，居然不知道身在何处。不过，我们可以举出许多例子，足以证明这种心不在焉的情况绝非仅有。克拉帕雷德教授的学生就曾在实验课上证明自己无法十分精确地描述大学门厅的模样，就像贝尔纳不知道教堂有几扇窗一样。事实上，大多数人对周围事物的认识就像一架蹩脚的照相机。严格地说，作证就是回忆，印象失真，记忆必错。一位年老的法官早就斥责过那“随意”而“圆滑”的记忆。

失真的东西对某些人确实具有反常的魅力，把这种变态心理称为“拉马丁病”不算太不客气吧？我们都知道这种病的患者通常也不是不愿讲真话，而其证词总有点可疑。经验告诉我们，证人的陈述并非在任何情况下对任何事情都是同样可信的。严格地说，没有绝对可信的证词，只有在某种程度上可信的证据。在如下两种情况下，即使是最精明的人也会产生错觉。第一种取决于观察者自身的条件，如身体很累，情绪不好，等等。第二种取决于他的注意力是否集中。通常，只有在注意力特别集中的时候，

我们才能看清或真正了解某些事物。假设一位外科医生在查访病人，他仔细检查了病人，写出病情记录，而对病房里的摆设只是随意地看了一眼。我自然相信他的病情报告，而不相信他对病房的描述。与通常的看法相反，人们往往对最熟悉的事物反而最难作出准确的描述，因为，熟悉难免使人掉以轻心。贝尔纳对教堂的印象就是这种现象的一个例子。

许多历史事件只是发展到高潮时才为人注意，无论目击者是在事先还是在事后为惊人的事件所吸引，他们都不可能把注意力完全集中在当今历史学家最感兴趣的那些情况上。有些事例是众所周知的。1848 年 2 月 28 日，外交部门前的枪声触发了一场暴乱，结果导致一场革命。枪声是从哪里来的呢？究竟是军队开的枪，还是从人群中射出的呢？这已无从考知。编年史家将军队的服装、部署、仪仗和战绩描述得头头是道，我们能把它完全当真吗？没有人能准确无误地记住周围发生的一切细节，而古代的历史学家却天真地企图做到这一点。明白了这些，不管我们的思想有多么僵化，对于浪漫主义历史学家所玩弄小把戏的真实性，还能抱有多少幻想呢？这些史著所描绘的无非是作者同时代的人想当然的战斗背景罢了，它具有极大的信息量，却不是那些爱好绘声绘色描写历史的人原本所希望传递的信息。

上述议论似乎有点悲观，却能使我们理解其中包含的有关历史研究性质的一些论断。当然，这并不影响历史的基本结构。培尔的话永远是正确的，他说："没有人会对恺撒击败庞培这一事实提出有力的异议。无论你从什么角度对此加以责难，恺撒和庞培的存在都是一个牢不可破的事实，他们并不仅仅存在于撰写其生平的作家脑子里。"假如，除去这类无需解释的事实，历史就没有任何确定性，那么，历史著作将沦为断烂朝报，而毫无思想价值可言。好在事情并非如此。"作证心理学"通常诘难一些最直接的原因。可以把一次大事件比为一次大爆炸，到底是在什么

条件下，才触发必然引起爆炸的最后一个分子的震动呢？我们不得不承认自己的无知，这真令人遗憾。而化学家的处境又怎么样呢？他们也未必比我们好多少，不过炸药的成分是完全可以分析的。尽管有些历史学家根据一些反常的现象断定 1848 年革命是典型的偶发事件，然而，显然是各种能动的因素促成了这场运动，它有一个很长的酝酿过程，事实上托克维尔就曾预言革命即将爆发。至于卡普兴大街的枪击事件，不正是最后一闪的火花吗？

而且，我们知道，目击者往往不能察觉事件的直接因素，后人就更无从了解了。这些因素包括特殊的、难以预见的历史“偶然性”。如果说最精密的工具也无法辨别那些微不足道的证据，我们或许会因此感到自慰。即使能更好地了解那些证据，人所设想的它们与历史演变因果长链之间的联系也难免有些谬误，历史科学永远不会彻底消除这些谬误，也无权自称能消除这些谬误。社会思潮的波动、技术的更新、社会经济结构的变化是决定人类命运的潜在因素，考察这些因素时，不会犯观察突发事件所难免的错误。历史上最深沉的东西往往就是最确凿无疑的，这真是幸运的巧合，伏尔泰已多少领悟到这一点。

不同的社会，不同的个人，其观察能力也各不相同，某些时代在这方面就不如其他时代。例如，今天大多数人理解能力再差，也不会犯中世纪编年史家的那些通病。数学在当代文明和人们观念中作用极大。只要错误的证词是出于感觉的失误或注意力的不集中，历史学家就会束手无策，只得把问题交给心理学家解释。但是，除了一般的心理疏忽之外，许多错误是由特定的社会环境引起的，这类错误时常以纪实的面貌出现。

1917 年 9 月，我所在的步兵团占据了通往北方小镇伯来兴的战壕。在战斗中，我军抓获了一名俘虏，他是后备役军人，原是威悉沙不来梅的批发商。不一会儿，从队伍后面传来可笑的流

言："有德国间谍。"那些消息灵通的战友这么说："不得了！我们发现在法国中心居然有一个德军前哨站。真令人震惊！一个德国商人就潜伏在太太平平的伯来兴。"要谨防把事情看得太简单，谣传未必完全是因为听错了，不仅是听错了，而且是由于误解。对不熟悉的名字人们往往不会很注意，由于错觉常用一个熟悉的名字取而代之。而且，还有一些不自觉的先入之见在起作用，许多传闻早已给人们造成德国人狡猾的印象，而德国人也确实很狡猾，以致传闻正好迎合了公众的猎奇心理，用伯来兴取代不来梅当然正是这种心理在作祟。

许多史实就是在这种情况下被歪曲的。错误的因素几乎是与生俱来的，而且只有迎合公众的偏见，错误的说法才得以传播，才具有生命力。因此，它也就成了一面反映集体意识的镜子。在比利时，不少房子前面有许多泥瓦匠搭过脚手架的小孔，若不是长期以来被游击队搞得惶恐不安，德国兵在 1914 年也绝对不会把这些泥瓦匠的杰作认作狙击手的枪眼。今天的云彩和中世纪的云彩并没有什么不同，我们却不会从中看到魔剑和神奇的十字。阿布罗斯·伯雷大主教看到的彗星尾巴与现在偶尔掠过我们头顶的彗星并没有什么差别，可他却自以为看到一套奇怪的盔甲。这说明思想受到世俗成见的束缚，视线就会模糊，证词也会失真，他所说的不是他真正看到的，而是那个时代想当然的东西。

一个目击者的误解会变成许多人的误解，一次不正确的看法会变成谣言，而社会条件的确促成了错误和谣言的流传。当然，并非在所有社会都是这样。在我们的时代，人们的生活特别动荡不安，对这方面有许多值得注意的经验。眼下发生的事情离我们太近，使人难以作出精确的分析，而 1914 年至 1918 年的战争可以提供更广阔的视野。

人们都知道，在那四年里，谣言盛行，作用极大，尤其在前线的军队中更是如此。在战壕这种特殊的环境里所形成的谣言就

很值得研究。

宣传机器和新闻检查制度的作用当然很大，但有时其效果也会与设计者的愿望背道而驰。有一位目击者曾直截了当地说："战壕里的士兵普遍认为，除了印刷品上写的，什么事情都可能是真的。"人们根本不相信报纸，也不相信任何印成铅字的东西，因为，报纸并不按时送来，而且他们认为报道已被检察官大肆删改。口耳相传曾是神话传说之母，这一传统居然神奇地复活了。政府居然使前线的战士倒退到古老的心理状态，以如此陈旧的手段获取消息，而视书报杂志为废物。这种做法简直可以超过任何胆大妄为实验者的幻想，使几百年来的进步化为乌有。

谣言一般不会首先来自前线。在前线，小股部队往往互相隔离，没有命令，战士绝不敢随意行动，如擅自行动，他就得冒生命危险。联络官、炮火观测员、电话架线员可以经常走动，他们虽然引人注目，但也很少和普通士兵往来。不过，有一种常规的消息来源是极为重要的。由于军队需要给养，战地厨房就成了地下坑道、前哨站这个小天地里的"集市"，从各个战区前来送给养的勤务兵每天在此碰一两次头，他们互相交谈，也与炊事员聊天。炊事员的消息极为灵通，因为他们与各方面的人接触，还可以与每天来自后勤部的司机搭话，而后勤部就设在司令部的旁边。这样，围绕着火堆或战地厨房的火炉，来自不同部队的人们就可以有短暂的交流。然后，这些勤务兵各自沿着战壕将听来的消息连同身上的军用水壶一起带到前沿阵地，不管这类消息是真是假，大多与事实有所出入，到前沿阵地，人们又对这类消息添油加醋，大肆渲染。战术地图上有纵横交错的前沿阵地标志线，我们不妨在它后面加一条虚线，表示这里是谣言区。

历史上有不少社会团体有过上述的类似情况，所不同的是前者发生在非常时期，后者则存在于正常的生活结构中。也就是口述几乎成为唯一有效的交流手段，完全通过特殊的中介人在互不

往来的各种人之间传播消息，或在某一交界处进行联系，而小贩、卖艺人、朝圣者和乞丐取代了往来于战壕的勤务兵。一般聚集点是集市，有时也在宗教节日碰头，如在中世纪鼎盛时期就是如此。教会记事往往是根据从过路人那里听来的消息编制而成的，它就像运送给养的勤务兵的笔记本（他们如果愿意，本来是可以携带笔记本的），这些社会集团就是出色地传播流言的文化媒介。由于常和各种人打交道，也就容易对各种不同的说法加以比较，从而引起辨别真伪的想法。从另一方面来看，我们也该相信这些叙述者，他们毕竟通过一条艰难的渠道不时为我们带来遥远的传闻。

3. 考据方法的逻辑

考证涉及心理状况，它是一门微妙的艺术，绝没有诀窍可言，而它又是一门理性的艺术，有条不紊地运用某些基本的思维程序。总之，如果要加以定义的话，那它本身就是一种辩证的东西。

假设，业已消亡的文明社会仅仅留下一件实物，而又不许用地质沉淀法这类非人为因素来探测其来龙去脉（因为，在这类研究中，非生命的性质能起一定作用）。这样，我们就根本无法测定这唯一的遗物的年代，甚至无法断定它的真实性。事实上，除非把它放在年代体系或同时代的统一体中加以考察，我们就无法证实它的年代或解释任何文献。马比昂将墨洛温王朝时期的特许状加以互相比较，并与其他不同性质、不同时代的特许状加以对比，从而创立了古文书学。正是通过校勘《福音书》，导致《圣经》注释学的诞生。比较是考证的基础。

比较的结果并不自行说明问题。它必然会揭示异同，然而，即使在不同的情况下一种证据与其他证据相一致，也会导致完全对立的结论。

首先，要考虑一下叙述的基本成分。马尔博的《回忆录》曾激励过许多年轻人，他以详尽的笔触记述自己的战功，把自己描绘成一个英雄。他在书中写道：1809 年 5 月 7 日之夜，当时正值涨潮，他穿过湍急的多瑙河，去对岸解救几个被奥地利人抓走的战俘。怎样来考证这件事呢？我们必须收集一些其他有关证据，掌握军事命令、行军记录和敌军的战报。结果，证明那天晚上奥地利军队并不是如马尔博所说的那样驻扎在河对岸，而是留在河的这边。此外，根据拿破仑本人的通信记录，我们发现，到 5 月 8 日多瑙河还没有涨潮。最后，我们发现了马尔博在 1809 年 6 月 30 日亲笔写的要求提升的请愿书，在他为自己摆功时，只字不提一个月前的那次战绩。一边是马尔博的《回忆录》，另一边是一批内容与前者相矛盾的资料，我们必须分辨真伪，断定一种最可信的事实。是参谋部的成员和皇帝本人都搞错了吗？（天知道他们为什么要故意歪曲事实）是求官心切的马尔博在 1809 年一反常态故作谦虚了吗，还是那位一向因自我吹嘘而臭名昭著的老军人，又成功地撒了一个弥天大谎呢？人们会断然指出，《回忆录》在吹牛。

否定了一种说法，就解决了证词的矛盾，两者必有一假。这符合最一般的逻辑基本原理，矛盾律断然否认一个事件可以同时既存在又可以不存在。在世界上，也有一些好好先生善于折中两种截然相反的观点。这类学者就像小家伙做算术：老师问，2 的平方是多少？一个同学向他咬耳朵说“4”；另一个轻声说“8”；小家伙想了想说：“2 的平方是 6。”

接下来，我们就得对证据有所肯定、有所否定了。证据的取舍取决于心理分析，何为真假错误的理由都得经过鉴定。在这种特定的情况下，鉴定几乎具有绝对证据的性质，在其他情况下，它肯定会显示不确定的系数。从各种无限的可能性推导到不可信是个渐进的过程，经过复杂的有罪推定，从而得出结论。

还有另外一种类型的例子。

有一份内容写在纸上的特许状，据说是12世纪的遗物，可是，至今所发现的那个时代的特许状都是写在羊皮上的；上面的字体也与我们见过的12世纪文献上的字体截然不同；遣词造句冗长烦琐，也完全不像当时的文风。再如，有一件石器时代的工具，从其锋刃的加工技术可以看出，这是前不久才发明的工艺。由此，我们得出结论，特许状和工具都是伪造的。如前述的例子一样，矛盾是确凿无疑的，而理由却完全不同。我们这回的论据是：在同一社会的一代人中流行着同样的习俗和技术，它们的力量如此强大，以至任何人都难以自觉地背离共同的习惯。我们理所当然地认为，路易七世时期的法国人，其笔迹都极像其同时代人，他们以相同的术语来表述，也运用同样的材料。假设，在马格德林时期，部落中的一个工匠用他发明的机械锯来锯箭镞，那么他的同胞也会这样干。简言之，我们是用社会学的原理来分析这个事例的。

然而，相似之处不可太过，否则，非但不能说明问题，反而更没有说服力。

任何一个参加滑铁卢之战的人都知道拿破仑战败了，谁要是持异议，否认拿破仑的败绩，他就是在说谎。而且，如果把自己限定于这个直截了当的判断之中，那么，关于拿破仑滑铁卢之战就不会有其他不同的表述方法。但是，如果两个人以完全相同的语言（或仅有个别措辞的不同）、同样的细节来描述滑铁卢之战，我们就会毫不犹豫地断定：其中必有一人抄袭了另一人，或者两人都抄自同一范本。理智告诉我们，事实上，站在战场的不同点，注意力又不完全相等的两个观察者，不可能记下同样的战斗细节；而且，两个互不往来的作家，又怎么会在成千上万的法语词汇中选择同样的词语，以相同的行文次序来记述同一事件呢？如果这两位作家都宣称所写的全部直接源于现实，那么，其中必

有一人在说谎。

假设在两座古代的纪念碑上雕刻着两次战争的场景，那是两场不同的战斗，而石碑上所刻的细节却极为相似。考古学家就会说，除非两个艺术家都喜欢重现传统的构图，否则，其中必有一人在抄袭另一人。假如这不过是中间略有间隔的两次战斗，或者交战双方都是同样的人，如埃及人对赫梯人、亚述人对埃兰人，那也不说明什么问题。人的姿态千变万化，在时间不同的两次战斗中，人们又怎么会采取同样的姿态呢？严格地说，作为军事文献的史料，两者中必有一个是伪造的。

类似的东西可能半真也可能半假，考证就在真与假两个极端中做文章。因为巧合是有限的，从总体来看，社会统一体的联系也是相当微弱的。换言之，我们以为这个世界、这个社会的统一性极其牢固，不可能有什么严重的偏离行为。但是，想想我们自己的处境就会明白，这种统一性仅仅局限于相当一般的特征，深入研究下去就会发现，在这方面各种组合的可能性几乎是无限的。难以想象会自然产生完全相同的记载。可见，必有一种自发的模仿行为。总而言之，考证就是把同与异、一与多的自觉抽象作为依据。

假如我们怀疑某抄本的真实性，就必须考虑从何处着手进行考订，就应该看一看两份文献是否均出自同一来源。如果设想其中必有一份原件，那么是哪一份呢？有时可根据外在的标准来求得答案，如相对年代（假设相对年代可以确证）。如果不行，就只有从原物或文献内在的特性着手，这就又得借助心理分析了。

当然，这样做也不必遵循任何机械的原则。例如，篡改者往往把一些想象的东西加入原文，那么，行文最谨慎、想象成分最少的文献往往就是原件。但是，是否有必要把这作为一条定律确定下来呢？有时候，情况的确如此，如在碑文中亚述王征服的敌军数字总是大幅度地增长。有时，这条定律就行不通了。圣乔治

的《激情》一书，原版充满了荒诞不经的内容，后世的传记作家在续写时就删去了那些离奇怪诞的部分。模仿的手法各式各样，往往因人而异，并根据时代风尚的不同而变化，如同对待其他思想倾向一样，我们不能把自己想当然的看法作为衡量是非的标准。

万幸的是，剽窃者往往因自己的无知而露出马脚。他们并不真正理解原件的内容，其误释也就显示出自己的弄虚作假，他们往往要掩饰剽窃行为，结果，那些拙劣的伎俩反而使作伪者昭然若揭。我认识的一个中学生曾在书面考试时作弊，他眼睛盯着同桌的考卷，费力地改换句子的顺序，颇有心计地把主语变成宾语，把主动语态变为被动语态。当然，他只是成功地给教授提供了一份历史考证的典型案例。

要揭穿作伪的模仿行为，就必须从两种或多种摹本中找出唯一的原型。与马尔博同时代的塞尼尔伯爵和佩尔将军也曾讲述过那次渡过多瑙河的战斗，内容与马尔博本人的叙述大同小异。而塞尼尔在后，佩尔在前，塞尼尔读过佩尔写的东西，那么，他不过是在抄袭罢了。佩尔的著作确实写在马尔博的《回忆录》之前，但他是马尔博的朋友，肯定经常听到马尔博吹嘘其战绩，这个勤快的牛皮大王在对朋友说谎时，就蓄意蒙骗后人。由于马尔博的两个旁证都不过是在重复他自己的话，可见，马尔博就成了唯一的始作俑者。李维的《罗马史》取自波里比阿的著作，连同他编造的细节也一齐抄了过去，因此，波里比阿才是唯一的原作者。爱因哈德自称是在描写查理大帝，其实是在抄袭苏托尼厄斯传记中奥古斯都的形象。这样，就追到了根源。

有时，主谋并不愿意暴露自己的身份，隐蔽于自愿作证者的背后。H.C.利在研究法律审判案时注意到，如果两个被告在不同的屋子里由同一位提审员审问，他们就会不约而同地坦白出同样的罪行和同样亵渎神明的言论。如果被告在同一间屋子由不同的

法官来审问，其口供就不会那么一致。可见，正是法官主导了被告的证词。我想，在法院案卷中不乏类似事例。

在考据学的领域里，最近出现了一种新的方法——“计量考证法”，它从独特的角度揭示有限的类似性。

假设，有一个商业繁荣、联系密切的社会，我要研究其中特定两天之间的物价，接着又有第二个人、第三个人也来研究这段时间的物价，3 个人所用的资料都是不同的。我们各自在一个共同的基点上草拟年度平均物价，制定图表，列出物价指数，结果，3 幅图表的曲线几乎是相似的。由此可以得出结论，3 幅图表都比较正确地反映了物价趋势。为什么呢？

因为，在同样的经济条件下，大范围内的物价必然按照一定的节奏而波动，但这还不是唯一的理由。假如 3 条曲线差别极大，我们肯定要怀疑它们的正确性。但是，不能因为在所有可能的图表中仅有 3 幅图表相吻合，就断定它们是正确的。如果它们的数据都有类似的错误，那也会得出同样的读数，这读数也自然是错误的。这样，所有的推理就取决于对错误结构的分析。3 幅价格表都不可能在细节上毫无差错。统计资料难免有错，即使我们能排除研究者个人的错误（在研究那些令人目眩的古代度量制时，我们谁没犯过一些可怕的错误呢?)。无论研究时如何小心谨慎、聚精会神，资料本身总会有这样那样的错误。某些标价是不准确的，如可能标错了价格或漫天要价，还有一些例外的情况，如卖给熟人的价格或欺骗傻瓜的价格，所有这些因素都很可能搞乱平均数。市场平均价格表往往不是仔细制定出来的，然而，在大量不同的价格中，计错的价格有高有低，错误也就互相抵消了。如果应用不同的资料得出一样的结果，那主要是因为资料的错误也是一样的，如疏略、细节误差，这类错误对我们来说是难以预料的。证据所难以简约的多样性使我们得出如下结论：最终的一致必来源于基本一致的事实。

不应该草率地运用检验证据的方法，任何合理的原则，任何指导鉴定的经验，若加以滥用，必然达到极限而走向反面。如同所有自成体系的逻辑一样，历史的考证也有矛盾之处，或者说也有其自相矛盾的地方。

我们已经知道，要确认一份史料的真实性，就要证明它与其他有关史料存在着某些一致之处。然而把这个规则刻板地加以理解应用，又能发现什么呢？所谓发现也就是指发现令人吃惊的、与众不同的东西。一门学科若局限于千篇一律地陈述可以预知的东西，那么，这门学科既无益处可言，也毫无吸引力。迄今为止，尚未发现任何用法语（而不是通常的拉丁语）起草的 1204 年以前的特许状。假如明天有一位学者抛出一份 1180 年用法语书写的特许状，我们该断定它是伪造的，还是承认自己不具备足够的知识呢？

一份新发现的史料与其他有关事物之间存在表面的矛盾，这可能是因为我们暂时还不具备这方面的知识。当然，有些史料本身就存在真正的矛盾，社会统一的凝聚力尚不足以使某些个人或小团体完全与它一致。帕斯卡的文风与阿尔诺不同，塞尚的画风与布格罗不同，难道可以因此而否认帕斯卡的著作《外省》和塞尚的名画《圣维克多山》的创作年代吗？难道我们能因为在同时代地层中只发现过石器，就推论那些古老的铜器全是赝品吗？

得出错误结论的并不全是想象中的事物，从伏尔泰曾经极感兴趣的古埃及动物崇拜，到古罗马第三纪的遗物，都可以举出一系列的事实说明这一点，许多货真价实的古代文物，一开始曾因为与学术界公认的规范相悖而遭到否定。然而，经过进一步的考察，就会发现方法上的自相矛盾也不过是表面上的。类比推理的原则并没有失效，关键在于，当确定相似点时，我们应当以更精确的分析来区别可能出现差异的各种程度。

个人的创造力总是有限的，帕斯卡的文风很独特，但所用的

语法和词汇仍属于他那个时代。前面假设的 1180 年特许状使用不同寻常的语种，但是，与其他同时代已知的特许状相比，也未必会有什么不同。如果该特许状所用的法语和同时代其他文献上的法语大体相同，如果它所提到的制度与当时的实际情况没有出入，那么，也可以断定它不是伪造的。

正确地说，进行考证和比较，仅仅校订同一时期的史料还是不够的，人类事务就好比一条跨越时代的长链。倘若有一天，新的卢卡斯将一叠手稿摊在科学院的办公桌上，并声称帕斯卡先于爱因斯坦创立了相对论，我们可以不假思索地指出，手稿是伪造的。这并不是因为帕斯卡不能创立他同时代人所不能建立的理论，而是因为相对论必须以长期的数学研究为基础。无论他多么伟大，任何个人的天才都离不开前几代人的研究成果。相反，某些学者一看到首次发现的旧石器时期的绘画，就对它的真实性和实际年代提出质疑，其理由是：这种艺术不可能在鼎盛一时后突然湮没无闻。这些怀疑论者的推理错了，要知道，链条可能断裂，文明也可能消亡。

德莱哈耶神父曾写道：教会有一个节日，纪念两位在同一天死于意大利的忠实信徒，他们都是在读了《使徒行传》后受到感化而皈依天主教的，两人各自创立了奉献同一个主的宗教组织，两个组织最终为同名的教皇取缔。任何人读到这些内容都容易断言：肯定是把一人误为两人，又以不同的名字载入了殉教者的名册。然而，事实上确有这两个人，都受到《使徒行传》的影响而皈依天主教，他们就是圣约翰·哥隆比尼和依纳爵·罗耀拉，前者创立了天主会，后者创立了耶稣会，前者在 1367 年 7 月 31 日死于意大利的锡耶纳附近，后者在 1556 年 7 月 31 日死于罗马。天主会被教皇克雷芒九世取缔，耶稣会被教皇克雷芒十四世下令解散。这个例子十分有趣，但并不是绝无仅有的。假设未来的一场浩劫销毁了所有的东西，只有一些关于以往几百年哲学著作的

纲要幸存下来，于是，可以看到两个思想家，名字都叫培根，都是英国人，其学说都注重经验的知识，未来的学者肯定会对此产生疑惑。佩斯曾把许多古罗马的历史传说视为纯粹的传奇而否认其价值，理由无非是同样的人名、相似的情节曾反复出现。考据学把那些同时重复出现的事件叙述和词语视为抄袭，这无疑是有道理的，但也不能完全排斥历史上的确有“巧合”这一反常现象。

当然，也不能因此而简单地承认巧合具有普遍的可能性，否则，史料的考证就会永远在肯定与否定之间动摇不定了。质疑作为一种认识的工具，应该能在每个特定的事例中比较精确地衡量出或然性的程度。那么，正如其他许多思维的原理一样，历史研究的曲径就与概率论的大道交叉在一起了。

估计一个事件的或然性，也就是揣摩它可能发生的机会。那么，希望说出历史事件的可能性是否合理呢？从绝对的意义上看，这显然是不合理的。过去的事件已成事实。不存在任何可能的余地。骰子掷下之前，存在着 1 点到 6 点的可能性，而掷出之后，就无所谓可能性的问题了。以后我们回忆起那一天，可能吃不准当时的点数是 3 还是 5，但问题在于我们自己，在于记忆或证词，而不在于事情本身。

然而，经过正确的分析，在历史研究中应用概率观念也不会有什么矛盾。当历史学家自问某一历史事件的可能性之时，事实上，已在大胆驰骋思想了，他将自己置身于事件发生的前夕，忖度事件发生的可能性。这里的可能性仍是指未来。由于我们通过想象把现在的界线倒退到过去，那么，这里所谓将来是以支离破碎的记载构成的过去之将来。对我们来说，实际上仍是过去。如果说事件是无可置疑的，那么，猜测它是否曾发生无非是玄学的游戏。拿破仑出生的可能性如何？阿道夫·希特勒在 1914 年当兵时能否逃避法军的子弹？这类猜测企图以简单的修辞手段阐释人类历史进程中无法预测的偶然性作用，明白了这一点，去搞搞

玄学的游戏也无伤大雅。但这与历史的考证毫无关系。某些史实有可疑的地方，才需要进行考证。例如，某个作家在重述别人著作的情节和语言，我们就会怀疑，他是否在抄袭呢？《犹太贤士议定书》与第二帝国一位佚名律师著的小册子有惊人的相似之处，难道我们会相信，只凭所谓天衣无缝的巧合就足以说明一切吗？我们可以根据编写这些东西之前的各种可能性来肯定或否定这种巧合。

偶然性的计算是以虚构为基础的。开始时，对任何可能的事例前提都是不偏不倚，任何有倾向性的因素都将被视为异己。在理论上，骰子的六面应绝对均衡，在任何一面灌了铅，赌徒的机会就不均等了。但在历史考证方面，几乎所有的骰子都灌了铅，人的因素微妙无比，它们不断渗入“骰子”，使它朝有利于自己的一面倾斜。严格地讲，这时光靠一门历史学是不行的，还要借助语言学，或者说借助语言学的一个分支，它研究语言之间的关系。在严格意义上，这门学科与考据学完全不同，但它与考据学一样旨在提示事物之间的联系。它推理的条件十分接近于概率理论的先决条件均等律。要研究语言现象中的各种特征，非这门学科莫属。许多语言之间可能的联系和不同语言中偶然重复的可能性，实质上会变得毫无意义，而且，更重要的是，除了极少数象声词外，这些联系所具有的意义也完全是任意的。没有任何前定的观念指定 tu 这个音在法语和拉丁语中指第二人称。如果我们在法语、意大利语、西班牙语和罗马尼亚语中都发现这一现象，而且在这些语言中还存在其他类似的不合理现象，那么，唯一合适的解释就是，法语、意大利语、西班牙语和罗马尼亚语有一个共同的起源。因为各种可能性并没有受到人为因素的影响，所以对可能性的计量统计实际上起了决定的作用。

但是，这种简化还远未达到标准。

有一些中世纪君主的特许状以同样的词汇、同样的结构记录

不同的事情。那些迷信“文风考证”的人就会断言，这些特许状出自同一位公证人之手。如果仅考虑一种可能性，这一论断就可以成立。但事实并非如此，每一个社会，每一个专业团体均有其书写惯例。因此，仅仅指出其相似之处还不够，必须进一步从平常的事物中找出不寻常的地方。唯有依据独特的表达方式才能确认作者是谁，当然，独特的表达方式是会不断重复的。错误在于对所有的语言因素均一视同仁，而事实上，社会偏见造成了各种可能性，它对语言因素的影响就像灌了铅的骰子，已经破坏了公平的机遇。

19 世纪初以来，有一派学者专门研究文献的流传，其原则十分简单。例如，这里有 B、C、D 3 种同样的手稿，我们查明，3 种手稿行文相同，而且错误也相同（这种由拉赫曼首创的校勘辨误法是最古老的方法）；或许，我们经常发现这 3 种抄本不管是对是错都内容相同，但与其他大多数抄本内容相异（唐・康坦推荐的异文列举法）；无论在哪种情况下，我们都应断定，三者之间是有联系的。根据各种情况就可以知道，它们如不是互相抄袭（谁先抄谁也要搞清楚）便是分别抄自一个共同的范本。总之，这样连续的巧合绝不是偶然的。然而，最近进行的两大考察却迫使文献考证学抛弃其推论中的机械武断。

抄写者有时会订正原件上的错误。当然，他们在抄写时并不会互相商讨，但共同的思维习惯却往往能使他们得出相似的结论。泰伦提乌斯曾用过一个生僻词 raptio，两个抄写者不懂 raptio 的含义，就用 ratio 一词取而代之。他们这样做难道还要互相商讨或模仿对方吗？可见，对于手稿的“谱系”，这一典型的错误不能告诉我们任何东西。而且，抄写者为什么非得用一个范本呢？如果有多种版本供他比较，就完全可以在各种异文中任意选择。当然，在中世纪，图书馆极少，这种情况也不多见，而古代这种现象较多。按照惯例，在校释本的扉页总是画着美丽的耶弗

他之树，那些各种传统杂交而成的果子，该放在这些树的哪根枝丫上呢？个人的意愿和集体的压力一样，总要在取巧的赌博中作弊。

在 18 世纪的哲学中，沃尔内已看到这一点，历史考证的大多数问题都是或然性的问题。最精密的计算对此也无能为力。不仅资料本身相当复杂，更因为它们在本质上就无法用数学来阐释。例如，为什么一个社会特别偏爱某个措辞或某种习俗，对此我们又怎能加以计算呢？弗马、拉普拉斯和埃米尔·波莱尔的学说并不能使我们完全摆脱困境，但它至少涉及逻辑无法接近的极端，能帮助我们从高处着眼，从而使分析推理更加完善。

学术界以外的人不会理解，学者通常不愿意承认自己的错误是出于对巧合的无知。在萨利克法和克洛维法令中有一个相似的措辞，因此，一位有名的德国学者声称，萨利克法源于克洛维法。我们且不去管其中用了哪些陈词滥调，只要稍懂一点数理知识，就能避免这种错误。当可能性处于随机状态时，单一或少量巧合的或然性使机遇极低。异乎寻常的东西虽然令人吃惊，却未必有多大价值。

两个毫不相关的人死在同日同月不同年，计算一下这种巧合的概率也是很有趣的。它的概率等于 1/365，让我们假定（且不管这种假定有多么荒唐），约翰·哥隆比尼和依纳爵·罗耀拉的组织命中注定要被教皇取缔，查阅了教皇名录，可算出由同名教皇下令取缔的概率为 11 至 13。死于同月同日和两位同名教皇下令取缔的因素加在一起，其发生的概率为千分之一至万分之一。无疑，没有一个赌徒会对这样的机遇感到满意。但是，自然科学能考察一些几乎不可能的事情，从世俗的标准来看，甚至 10/15 的概率也是把握不大的。显然，有理由说，我们完全离谱了，因为两位圣徒的事迹已被证明是确有其事。多种巧合的累积使或然性变得无足轻重，因为，根据著名的定理，简单事实的或然性必

须相乘，以求得或然性之和，或然性是分数，其乘积肯定小于分母。在语言学方面，也有一个有名的例子。“bad（坏）”一词在英语和波斯语中含义都完全相同，虽然在词源上这两种语言没有丝毫联系。谁企图自称发现了这种完全不相干的巧合之间的联系，他就严重违反了考证相同现象时的一条基本定律——“只有根据大量的相同事例才能得出结论”。

繁多的一致或不一致因素是由大量的特殊情况构成的，如考虑所有的因素，偶然性就会相互抵消。另一方面，若孤立地考虑每一个因素，就不能消除这些变量的影响，即使骰子被灌了铅，孤立地一掷要比整个赌博的结局更难预测。结果，一旦开始赌博，就会有各种各样的解释，这就是考证越深入细节，或然性就越显得模糊不清的原因。孤立地看，在现代版的悲剧《奥瑞斯忒亚》中几乎没有一句台词出自埃斯库罗斯之手，然而就整个剧情而言，我们绝不会误认为它不是出自埃斯库罗斯之手。整体比部分更有确定性。

然而，究竟到何种程度，我们才可以理直气壮地说出“确定性”这个漂亮的词呢？很久以前，马比昂就承认，考证特许状的真伪，不可能获得“抽象的”确定性，他是完全正确的。仅仅是为了简明起见，我们有时就说证据而不说或然性。但我们现在比马比昂时代更清楚，那条惯例对我们同样适合。《君士坦丁的赠与》并非绝对不可能是真品；或者，如某些学者的奇谈怪论所云，塔西佗的《日耳曼尼亚志》也可能是伪造的。从同等的意义来说，猴子也并非绝对“不可能”在打字机上碰巧打出《君士坦丁的赠与》或《日耳曼尼亚志》来。库尔诺曾言：“所谓不可能的事情，无非是指该事发生的概率极低。”如同其他研究事实的科学一样，历史考证也只有通过测定可能性和不可能性才能发现确定性，所不同的只是它研究的问题更细致而已。

系统的考据法旨在求证人类事务，它的诞生标志着巨大的进

步。对此，人们有没有足够的认识呢？这里所谓“进步”，不仅指对历史的认识，而且指整体的知识。

不久以前，人们公认历史记载中至少有 3/4 是事实，除非有充分的理由证明目击者或著述者在作伪。也是在不久以前，吕西安·费弗尔成功地证明，文艺复兴时期人们的思想和行为与近年来人们的思想和行为相差无几，所以，文艺复兴时期的杰作至今仍为人们津津乐道。我们不能因此而认为，冒牌的学者大可妖言惑众，芸芸众生又容易上当，我们脆弱的文明便面临堕入无知和愚蠢之深渊的危险。即便是最坚定的思想，不曾而且也无法摆脱时代的偏见。不是有人说什么下过血雨吗？哎哟，下血雨呢。如果蒙田在他心爱的古代书籍中读到无头国和力大无穷的小鱼之类怪诞的说法，就会毫不犹豫地在他严肃的论述中加以记载，其才智本来足以使这种谎言不攻自破，但他擅长驳斥流行的观念，而不善于质疑所谓经过证明的事实。正如拉伯雷神话中那位赫塞老人，他统治着人类世界和自然界，或许他对自然界的控制更甚于对人类世界。由于直接的经验，最先受到怀疑的往往是人类事件，而不是流星或生命有机体的无规律性。如果你的世界观与神迹相悖，如果你的宗教观与别种宗教宣扬的神迹相矛盾，你就会迫使自己在这些怪诞现象中努力找出某些显而易见的原因。无论是魔鬼的行为还是神教的力量，这些“因素”所属的那套观念与现代科学思想是完全格格不入的。但没人敢大胆否定这些东西。帕多瓦学派的杰出代表蓬波纳齐极力反对基督教的超自然主义。据说，国王手上涂了圣瓶里的油，一碰病人，病就能治好，而这仅仅因为他们是国王。对此，蓬波纳齐根本就不信，然而，他并不怀疑治愈这件事本身，而是从遗传生理特征来解释该现象，这样一来，神圣而辉煌的特权变成了能治病的王室唾沫。

以往几百年来，人们曾对自然界许多虚幻的奇迹坚信不疑，今天，我们已能澄清这些看法。这应归功于一种日渐成熟的观

念，即永恒不变的规律在支配自然秩序。

然而，若非对人类自身做耐心的实验并提出证明，就不可能彻底否定与之相悖的现象，这个观念也不可能牢牢地站住脚。我们已能揭示并解释证明的不完善之处，并有权提出质疑，因为我们比前辈更明白，应当在何时以及为什么提出质疑。正是通过这种方法，科学成功地抛弃了许多压在人们身上的荒谬问题的重负。

但是，在这里，与在其他地方一样，纯粹的知识并不和行为相脱离。

理查德·西蒙是考据学的开山祖之一，他不仅给我们下诸多有关注释学方面的有益教诲，还以其敏锐的思想挽救了一批头脑简单的人，他们止被愚蠢的巫术所控告和迫害。这绝非偶然的巧合，因为两者都需要思维的训练，同样的工具适用于两者的需求。办案总要根据别人的报告，法律诉讼对评估这些报告是否正确的兴趣绝不亚于纯学术的研究，它所运用的方法与学术考证也没有多大差别。事实上，学术界先走了一步，在有效地运用质疑问难方法的方面，法律界慢吞吞地跟在波朗德派和本笃会后面亦步亦趋。只是在人们对混乱的历史记载进行理性考证了很久之后，心理学家才开始想到以人为科学的对象而进行观察和诱导。当今之世，弄虚作假、谎言惑众之事盛行不衰，在学校的课程中，居然没有考据学的一席之地，这实在可耻。在学术研究的领域，考据学已不再是一门无足轻重的辅助学科，它有着广阔的前途，借助于考据水平的精益求精，历史学将自豪地为人类开辟一条追求真理和正义的崭新大道。

第四章　历史的分析

1. 评判还是理解?

可敬的兰克有一句治史名言:“如实直书。”历史学家唯一的目的就是按照事情发生的本来面目记述历史。希罗多德也早就说过:“如实记载。”换句话说,也就是指学者或历史学家要以超然物外的态度对待史实。或许像其他许多格言一样,这句格言的成功也是因为其含义的模糊。人们可以从这句话中感受到历史学家正直的品德,我们相信,这就是兰克的原意。但是,如从被动意义来看,自然会产生两个问题:首先,什么是公正无私的历史?其次,历史学的宗旨是再现历史还是分析历史?

如果确实存在公正无私这个命题,那完全是由这个词的模棱两可造成的。

有两种形式的公正无私:一是学者的公正无私;二是法官的公正无私。两者的基本共同点都是忠于事实。学者记录或更正确地说是欢迎与其最偏爱的观点相悖的事实。一个好的法官,不管他内心倾向于何方,在向证人提问时唯一的目的还是搞清事实,而不考虑事实到底会怎么样。毫无疑问,两者都受良心的支配。

然而,接下来,两者就要分道扬镳了。学者观察事实并做出解释,任务就完成了;而法官还得判决,若能不受一己好恶的支

配，依照法律裁决，他就是公正的。我们是在法的意义上而不是在科学的意义上谈论他的公正，因为若不接受一套与实证科学无关的价值规范，人们就既不能定罪也不能赦免。某人杀死某人是可以被证明的，但只有假定杀人者罪有应得，才能对杀人犯严加惩罚。然而，这一观点并未为所有的文明社会接受。

长期以来，历史学家就像阎王殿里的判官，对已死的人物任意褒贬。这种态度能满足人们内心的欲望。任何批改过学生考卷的老师都知道，学生喜欢在课桌下玩弄地狱判官的把戏，这是很难劝阻的。帕斯卡曾一针见血地指出："我们都愿像上帝那样，判定此为善彼为恶。"人们忘记了这一点，价值判断只有在作为行为的准备并与公认的、自觉的道德规范有所联系之时，才有存在的理由。在日常生活中，行为准则的要求迫使我们应用这些相当简明的标签，而当无须受行为准则束缚时，当公认的观念与我们的观念截然相反之时，这标签就会使我们难堪了。我们对自己、对当今世界也未必有十分的把握，难道就这么有把握为先辈判定善恶是非吗？将一个人、一个党派或一个时代的相对标准加以绝对化，并以此去非难苏拉统治时期的罗马和黎塞留任枢机主教时的法国的道德标准，这是多么荒唐啊！而且，这种评判极易受集体意向起伏和反复无常的个人爱好的影响，就没有什么比它更容易变化了。加上人们重视汇编荣誉名册，轻视搜集随笔记录，种种因素使历史学天然地蒙上一层反复无常的外衣。空洞的责难，然后又是空洞的翻案，亲罗伯斯庇尔派，反罗伯斯庇尔派，发发慈悲吧！仅仅告诉我们罗伯斯庇尔是怎么回事就行了嘛。

如果评判只是为了合乎解释，那么，读者尽可略过这些评判，不幸的是，由于习惯于判决，也使人们对解释失去兴趣。过去的偏爱和现在的成见合为一体，真实的人类生活就会被图解成一张黑白分明的画面。蒙田曾告诫："每当评价有倾向性时，人们的叙述就会情不自禁地受其影响而一边倒。"要窥见前人的思

想，自我就应当让位。而要说出我们的观点，只要保持自我就行了。褒贬路德要比研究路德的思想容易多了，相信教皇格里高利七世对国王亨利四世的看法，或赞同亨利四世对格里高利的看法是很容易的，而要揭示西方文明史上这场伟大活剧的内在原因就要难得多。

且不提人性问题，还是让我们考虑一下法国大革命时期没收土地的问题。在恐怖时期，政府废除了过去的法律，决定将土地分小块出售，而未进行竞争性的拍卖。此举的确严重损害了财政部的利益，某些当代学者严厉抨击这一政策。要是他们敢在当时的国民议会中这样大声抗议，那才算得上有勇气呢！在远离断头台的地方猛烈抨击当年的政策，这只能令人发笑，与其如此，还不如考察一下在共和三年人们的真实想法。当时的人希望小农能获得土地，首先考虑的是救济贫农，以确保他们对新政权的效忠，而不是考虑预算平衡。他们这样做是对还是错呢？谁会在乎历史学家的马后炮呢？我们应当提醒那些学者，不要沉迷于自己的观点便忘了当时的可行性。当然，人类思想发展史所提供的教训是很清楚的，较前而言，科学已显示出更大的成果，从长远的观点看，科学越是进步，人们就越是自觉地抛弃以人为本位的善恶观。今天，如果还有哪位化学家将气体分为恶的气（如氯气）和善的气（如氧气），那定会遭到人们的嘲笑。但是，在化学的童年时期，若不采取这种分类法，它就可能止步不前，不利于人们加深对事物的认识。

不要扯得太远了，当然，人文科学的术语自有其特性。自然科学的术语排斥目的论，“成功”“失败”“无能”“能干”这类词至多只起虚构的作用，何况，使用时还充满着危险。然而，它们却是历史学的正规用法。因为人是历史学的对象，人天生就能追求有意识的目的。

军官总想获胜，如果双方兵力相等却打了败仗，就完全有理

由归咎于他的指挥不善，要是老吃败仗，根据观察到的事实，就证明他肯定不是一个高水平的战略家。假设，过去某时，有个金融机关的目的是牺牲贷方利益以利借方，若加以评论，说这做法很出色或很可悲，你的立场就在借方或贷方中必居其一，从而，将自己对公共福利的主观看法任意卷入了这桩历史公案。但是，假设这一政策旨在减轻债务，而由于某些偶然的因素，其结果却适得其反（往往确有其事），我们就会说，“它失败了。”这不过是陈述一个事实。从心理学的角度看，不成功的行为正是人类演变过程中一种至关重要的数据。

还要补充一点，或许那位将军是故意打败仗的呢？我们就会毫不犹豫地指责他叛变。“叛变”一词最直截了当。历史学若排斥这类简单明了的常用语汇，就会迂腐不堪。接着，我们来看看当代的共同道德观是如何看待这种行为的。过去，在意大利雇佣兵看来，背叛也是一种合乎逻辑的行为。

千言万语，归根结底，“理解”才是历史研究的指路明灯。不要以为真正的历史学家是不动感情的，无论如何，他还是有感情的。实际上，“理解”一词既包含着困难，又孕育着希望，同时，又使人感到亲切。甚至在诉讼时，人们也往往轻易下结论，动辄指责他人，而从来不提倡充分的理解。任何与我们不同的人，如外国人，如政敌，几乎毫无疑问是恶人。在双方不可避免的冲突中，有必要加深一些理解以便于疏导，如有时间进行充分的理解，就能防止冲突。只要历史学能抛弃它那假天使的架子，就能避免上述弱点。理解包括体验人类千变万化的差异，包括人们之间不断进行的交往。只要这种交往是善意的，就会对生活与科学有百利而无一弊。

2. 从人类功能的多样性到人类良心的一致性

当然，理解并不是被动的，科学的实践需要两件东西：论题

和人。与自然界一样，人类现实生活纷繁复杂、气象万千，即便有一张全真再现原型的照片，仅凭这点东西也是难以说明问题的。文献资料是否就像在历史和现实之间插入的一幅草图呢？是的，文献的取舍存佚往往是随意的，它们从来不按理智的需求组成其题材。与任何学者、任何正常的思维一样，历史学家也要对史料进行选择和分类。总之，他要分析史料，就首先要找出相似之处，以便进行比较研究。

我面前有一块古罗马的墓志铭，刻在一块石头上，目的也很单一，但其中包含丰富复杂的史料，等待着学者的银针去探究。

如果对当时的拉丁语词汇、句法之类语言现象特别感兴趣，那么，研究这种华丽的语言，就能通过铭文窥见当时的日常用语方式。如果喜欢研究信仰问题，也正好可以从中了解当时人对来世的想法。若要探讨政治制度，发现一个皇帝的名字或行政官的任期，也会使人欣喜万分。如要考察经济状况，铭文也或许能透露某项鲜为人知的贸易。还有种种其他的可能性就不一一列举了。我们来考察一下文明发展史上的某一特定时期吧！有关该时期的史料种类繁多。当时活着的人都参加过各种社会活动，都说过一些话，以使左邻右舍了解他，都有自己信仰的上帝，他们或是生产者，或是商人，或是消费者，即便没有卷入政治事件，也至少受到其影响。面对每一份资料、每一个人、每一种集体生活状况，难道我们能不加选择和整理就按原来混乱的形式照单全收吗？这样做，历史将毫无清晰度可言，也无法揭示由自然亲和力与内在联系构成的真正的历史脉络，取而代之的只能是肤浅的大杂烩。做实验记录并不需要把实验室里每分钟所发生的事情都记下来混杂在一起。

如果我们自认为已看到人类发展进程中某些现象之间的内在联系，这时，就会对每一种制度、信仰、习俗或事件进行如此这般的分类，以表明特殊的、在某种程度上又是永久的个人或社会

趋向，除此之外，我们还能说明什么呢？例如，尽管有种种冲突，但在所有的宗教情绪中存在着某些共同的东西，难道我们能否认这一点吗？要知道，只有了解同类的其他事实，才能更好地了解任何人类事实。在封建社会初期，与其说货币是支付手段，不如说是一种价值标准，这与1850年左右创立的西方经济学准则截然不同，而19世纪中叶的货币制度与今天大同小异。然而，我认为，一个学者若只懂得公元1000年时的货币，就肯定难以掌握它在当时的特殊用途。这就证明需要一定的专业化知识。而所谓专业化，从某种意义来说，是一种垂直状态的知识，也就是划定有限的范围来证明其合理性，也只有在有限的范围内，才能证明专业化是合理的，并以此来弥补我们思维的局限和短暂生命所带来的欠缺。

忽视合理组织原材料的重要性，从长远的观点来看，就等于否定时间，也就是否定历史本身。无视早期拉丁语的发展情况，又有谁还能搞懂这时或那时的拉丁语呢？某种所有制形式或宗教信仰当然绝不会凭空产生，而是从古至今发展而来的，因此，人类现象首先要受到相似现象之链的控制。对这些现象加以分类，才能充分揭示其宗旨。

也许有人会提出异议：这种用简化生命的方式所确立的界线仅仅出现在你的脑子里，而不存在于现实中，在现实生活中，万事万物都是纠缠在一起的。而且，你在运用“抽象”的方法。就算是这样吧，为什么要害怕“抽象”呢？任何一门科学都不能排斥“抽象”，正如它不能排斥想象一样。顺便提一下，值得注意的是，反对抽象的思想家往往也讨厌想象。两者都是对实证主义的曲解。人的科学也不例外，从绝对意义来说，叶绿素的功能究竟在哪些方面比经济功能更“真”呢？唯有把错误的归纳作为根据而进行的分类才是可悲的。历史学家的职责在于经常检验自己的分类归纳是否正确，以便证明其合理性，有了错误，则加以订

正。尽管历史学家同样力图概括现实，却可以站在各自不同的有利角度去看待问题。

例如，有所谓“法律史”，教科书这一死板的工具已使这个术语大众化，但它到底是什么意思呢？一条法令就是一种具有明显强制性的社会规范，政府颁布法令，并设有一整套强制性的惩罚机构，迫使人们遵守法令。事实上，这样的戒律可以约束各种各样的行为，但它们绝不是控制行为的唯一手段。在日常生活中，人们的行为往往要受到道德、职业和时尚的左右，而它们的要求与法律不同。何况，法律的界限经常波动，而社会公认的准则即使因载入法律而显得更为明晰有力，也不会因此改变其性质。从严格意义来说，法律仅仅是现实形式上的表象，而现实本身是错综复杂的，难以为单一的研究提供有效的题材。而且，法律也没有穷尽全部现实。以家庭为例，无论是当今盛行的核心家庭，还是以感情和利益为纽带的中世纪大家族，要真正了解家庭生活，难道只要逐条列举家族法规就足以说明问题了吗？某些人以为的确如此，然而，这样一来，就是对当今的法国家庭，我们也无力搞清其内在的变化，这正表明那些人真是太傻了。

不过，在法律观念中的确有一些与众不同的实实在在的东西。因为，在许多社会里总有一部分以此为专业的人，他们制定和实施法律，自然会把法律作用与社会功能联系起来，他们自有其传统，并经常运用其特殊的推理方法。总之，除非作为法官史，法律史难以孤立地存在。人的科学中有这样一门分支也不是坏事，世间万象错综复杂，但无不从属于人类的活动，从这个意义上来说，法律史毕竟投射出一线微光，光的亮度虽然有限，却也颇能说明问题了。

有一门与众不同的学科，通常称之为“人文地理学”，其视角与法律史不同，与宗教史或经济史也不同，它不是从专业思想出发来看问题的。宗教史和经济史专门研究人类特殊的本质，如

信仰、情绪、感情的宣泄、希望、由难以为人理解的力量所引起的恐惧，以及满足需求或组织物质的努力。它们主要研究大量共同社会现象之间的联系类型，而人文地理学研究人类与自然环境之间的关系。这种关系显然是双向的，人类作用于自然界，自然界也反作用于人。人文地理学所取得的成果已证明这门学科存在的合理性，但还需要其他学科的补充才能更为完满。任何门类的研究，其分析能力都是这样的。科学将现实分解成部分，这只是为了研究的便利，专业化犹如聚光灯，其光束应不断地互相交叉，互相聚合。假如每一个操作聚光灯的人都声称自己已洞悉一切，每一门学科都妄称自己是至高无上的真理，那就太糟糕了。

应当注意，不要在自然科学和人的科学之间标上任何虚假的几何平行线。从我的窗台看出去，物理学家可以解释天空为什么是蓝的，化学家可以分析小溪流水的成分，植物学家观察草木的成长，每一个学者都选择适合自己的专题，而不愿关心整体的景象。他们把再现整体景色的任务留给了艺术，或许只有画家或诗人才愿意干这件事。这种景色令我遐想，实际上，整体的景象只存在于我的意识之中。可见，科学的方法就是有意识地排斥观察者，以便更深入地了解被观察的事物。这已被各门学科所应用并得到证实。对自然科学而言，我们头脑里已形成的事物之间的联系似乎是任意的，自然科学就是有意要切断这种联系，以重新确立在它们看来显得更为真实的区别。即便如此，生物界仍提出一些相当微妙的问题。为了研究的便利，生物学家确实可能分别研究呼吸功能、消化功能和运动功能，但绝不会不知道他还得认识整体的人。历史学面临着另一种性质的困难。历史学最终要阐明的论题是人类的意识，对历史学来说，人类意识的内在联系，人类意识的错综复杂，人类意识的影响，正是现实本身。

宗教家、经济学家、政治家……这类冗长混乱的拉丁化名词还可以列出一大串，但千万要小心，不要因此忘了他们的真面

目。只要这种分类不至于成为有害的东西，将人分成有名无实的种类或许只是为了方便起见。还是要把他们重新联为一体，有血有肉的人才是真正的人。

人的内心世界往往是多重的，有些人表现得特别明显。居斯塔夫·勒诺特尔大为吃惊地发现，在法国大革命时期的恐怖主义者中间竟有不少慈父。有人把革命者描绘成凶神恶煞，以取悦中产阶级，即使我们伟大的革命家真的是嗜血恶魔，居斯塔夫·勒诺特尔的惊讶也无非暴露出自己思想的狭隘。有许多人愿意并成功地保持着多重人格。究竟有多少人过着这样的生活呢？

然而，这并不等于要否认内心深处的自我统一和自我不同倾向的互相交织。作为数学家的帕斯卡和作为基督徒的帕斯卡，难道会形同陌路吗？身为著名医师的弗朗西斯科·拉伯雷，其思想难道会和所著《巨人传》的主角庞大固埃的回忆毫不相干吗？人们嘲笑罗马皇帝弗洛里安，因为他写出令人泣下的哀歌，却时常抽打自己的情妇。也许他在诗文中倾注了过多的甜蜜感情得到自我安慰，才从不把它付诸行动。中世纪的商人，白天公然违反教皇有关高利贷和物价的戒律，晚上却跪在圣母像前假装虔诚，或在迟暮之年捐赠大笔慈善金。产业革命初期的工厂主，剥削衣衫褴褛的童工，把榨取的钱财用来造医院。通常认为，他们这样做是企图换取一纸廉价的保险单，以逃避上帝的惩罚，其目的真是这样吗？还是由于真心地虔敬上帝而大发慈悲呢？严酷的日常生活使其良心泯灭，他们想借此略为缓解愧疚的心情吗？这些矛盾的现象都是很难把握的。

让我们从个人转向社会吧，仅仅把社会简单地称为个人意愿的总和也许还不够，但总的看来，社会毕竟是个人意愿的产物。因此，可以理解，各种意愿会不断地相互作用。从 12 世纪到宗教改革，纺织工人的社团始终是产生异端的温床，这一事实已被确证，值得在宗教史上记下一笔，然后，可把这张卡片放进抽

屉，再把一些卡片扔进旁边的小抽屉，其中一个抽屉标有“经济史”的字样。这样，有关这些异教纺织工的研究是否就完成了呢？我们还要作一番解释，因为他们不仅使宗教生活与经济生活共存，而且将两者融为一体，这正是他们的基本特征之一。前几代人曾拥有共同的道德观念，这些观念是那样牢不可破，这给吕西安·费弗尔留下深刻印象。他提出两大理由，其一是拉普拉斯的宇宙体系统治了人们的思想，其二是由于货币的“反常稳定”。这两大因素似乎毫不相干，却共同促使社会形成某种特殊的思想倾向。

当然，这种关系在个人思想方面和集体思潮方面都是非常复杂的。人们常说文学是“社会的反映”，今天，我们再也不敢不加任何限定就这样说了。这话肯定不正确，镜子里的成像是被照事物的“反映”，从这个意义来说，上述说法就不确切。文学既可以反映对社会的赞美，也可以表现对社会的反感，而且几乎可以说，文学必然包含有承自先人的主题，在书斋里学来的文学技巧，陈旧的美学规范，都会成为文学滞后于社会发展的原因。弗西隆说得好：“在任何一个特定时期，政治、经济、艺术并未在各自的曲线图上占有相同的位置。”（我看，还是说“不必占有”为好）由于这些差异，社会生活的节奏才显得波澜起伏。同样，用多元论者过时的心理学术语来说：芸芸众生，心态各异，很少有所谓的同一年龄层。有多少成人还像孩子那样幼稚啊！

1837年，密芝勒向萨姆·伯夫解释说：“假如我的著作只涉及政治史，而不考虑宗教、法律、地理、文学、艺术等不同的历史因素，其体例可能与现行本大相径庭。但因为所有这些不同的因素都包含在统一的故事之中，这就需要表现一场伟大的有生命的运动。”30年后，浮士蒂尔·古朗治在索尔奔学院向听众宣称：“假设由100位专家根据抽签结果来分工，研究法国历史的各个部分，你认为他们最终能写出一部法国史吗？我才不信呢！他们

会忽略事实之间的联系，而正是这种联系才反映历史的真面貌。”将这两个形象比较一下是很有意思的。密芝勒用了生物学的术语，浮士蒂尔生于牛顿天体物理学在科学界独步一时的年代，于是他从空间联系来比喻。两人的基本共同点令人瞩目。文明与人一样，绝不像机械排列的单人纸牌游戏，就事论事、支离破碎的认识绝不会导致对整体的认识，它甚至对部分也不能认清。这两位伟大的历史学家绝不会忽视这一事实。

唯有经过分析才能重新组合，更确切地说，它是分析的继续和最终的完善。前述我设想的那种景象，一开始是模糊不清的，我们无法分辨其中的内在联系，只有对它们进行分门别类，才能看清错综复杂的网络。为了真实地反映生活内在的作用与反作用之间的关系，我们最好不要自认为已把握了整体，单个的学者没有能力完成如此庞大的任务。最合理而有益的研究莫过于研究社会的某一特殊方面，更确切地说，要研究这些方面中的一两个具体问题，如信仰、经济阶级和集团的结构、政治危机，等等。

如果人们希望有所发现，就要经过系统的选择，这以后，不仅对问题的陈述会更具体，而且也能更清晰地显示事实之间的联系和内在的变化。欧洲文艺复兴时期有许多大商人，如布匹、香料贩子，垄断铜、水银和明矾经营的生意人，国王和教皇的金融家，光知道他们的生意经就能真正了解他们本人吗？不要忘了，霍尔拜因曾给他们画过肖像，他们也读过伊拉斯谟和路德的著作。要了解中世纪奴仆对领主的态度，就得了解他们对上帝的态度。历史学家无法脱离时代，但是，历史的长河波澜起伏，历史学家有时也要考察跨越时期的连接各种现象的长风巨浪，在某些非常时刻，这些激流往往会变成强有力的旋涡。

3. 术　　语

总是局限于区分个人或社会活动的各个主要方面，那就未免

太烦琐了。面对这方面大量的史实，我们需要一种新的、更为周密的分析方法。必须区分形成政治体制的各种机构和形成宗教的各种信仰、习俗及情感，必须从整体着眼，分清这些部分事实与同类事实之间的异同。实际上，分类的所有问题都与术语这个基本问题有关。

分析首先需要适当的语言作为工具，这种语言能简明地表述事实的概要，同时又保持必要的弹性，以便在进一步有所发现时仍能调整适应。总而言之，术语应当简明扼要。这正是使历史学感到棘手的地方。保尔·瓦莱里对历史并没有太多的好感，但他思想敏锐，清楚地看到这一点："下定义时应以明确的术语取代那些含糊不清的词语，就历史学而言，这一天尚未到来。"说这一天尚未到来，是不是就不可能到来了呢？它为什么姗姗来迟呢？

化学有专门的符号，甚至还有专门的术语。要是我没搞错的话，"气体"就是法语的新造词汇之一，那是因为气体之类的化学物质并不会自己给自己命名。化学排斥那些概念含糊的词，通过观察、分类以新的术语取代它，但前者未必比后者更疏离其对象，从这个意义上说，前者也未必比后者更为武断。不管是把它命名为矾还是硫酸盐，化学物质本身都无法左右我们的选择。人文科学就截然不同了。人们给自己的行为、信仰及社会生活的各个方面命名，而不必等到这些东西成为客观研究对象时才得以命名。因此，历史学的大部分词汇均取自其研究论题本身。被历史学吸收的这些词汇经过长期的运用，已变得面目全非，而更多的词其含义本来就模棱两可，并不是那些经过专家严格整理的表述系统。

更糟的是，这些借来的语词本身就缺乏一致性。各种史料都有一套自己的惯用语。如果历史学家注意它们，就得记下那个时代的常用语，它们在各个时代都有不同的含义。当然，历史学家

总是以自己的时代范畴来思考问题的，并用自己时代的语言来著书立说。我们今天说“贵族”，老加图时代的罗马人是可以理解的，而如果一个作者要论述罗马帝国危机时期“资产阶级”的作用，他又怎么能把“资产阶级”这个概念译成拉丁语呢？可见，两种不同的起源必然使历史学的术语产生分歧。让我们来逐个进行考察吧。

初看起来，再造或复制过去的术语似乎不会有什么问题，但只要真正付诸实践，就会遇到重重困难，首先，事物发生了变化，其名称却未必发生相应的改变。因为所有的语言都具有因袭传统的特性，而且，大多数人是缺乏创造性的。

尽管许多词通常只在形式和结构上发生一些明确的变化，可就是为了实用，进行一番考察也是有益的。如果邻居对我说，他乘 coupe（轿车或轿式马车）或 limousine（车）出门，我怎么能知道他乘的是马车还是汽车呢？要知道的话，除非我以前到过他的马车棚或车库。语言法则规定，aratrum 指无轮犁，carruca 指有轮犁。由于先有无轮犁，之后才发明有轮犁，如果在书中读到那个旧词 aratrum，我能肯定它不是指新的农具吗？马蒂厄·多马斯把他发明的工具叫作 charrue，而它实际上应当叫 araire（摆插步犁），因为它没有轮子。

考察一下比较抽象的词，就会发现，沿用传统的现象在这里更为突出。那是因为在这种情况下变化相当缓慢，以至人根本觉察不到。人们没注意到内容的变化，当然就认为没必要调整“标签”。拉丁语 servus（奴隶）一词在法语中的对应词是 serf（农奴），这种用法已有几百年的历史，但这一称呼的内涵已发生了一系列的变化，古罗马的 servus，与圣路易时代的 serf 相比，两者之间的差异要远远超过其相似之处。因此，史学界一般保留 serf 一词，特指中世纪的农奴，至于古代（中世纪前）就改称为奴隶。换句话说，在这种情况下，他们宁可用对应词，而不愿照

搬原词。这样做也难免损害正确性，因为他们用来形容古罗马时期的那个术语在公元1000年前根本就没有产生呢。他们所描绘的买卖斯拉夫战俘的人肉市场提供了典型的奴役模式，而对西方土生土长的农奴来讲，这是闻所未闻的。只要不走极端，这种方法还是有用的。究竟在哪个交接点上，奴隶该由农奴来取而代之呢？这就像一团永远理不清的乱麻。无论如何，为了尽量反映事实，我们不得不用自己的术语来取代古代的语言，这种术语即使不是我们发明的，也至少经过我们的修正。

相反，事物的名称有时也会因时间、地点的不同而发生变化，这种变化是与该事物本身的变化相脱节的。

有时，在语言的演变过程中，有些特殊的原因会导致某些词语的消失，却丝毫不影响该词所反映的事物或行为，因为语言有其自身的抵抗力和延续性。罗曼语中的拉丁动词 cmere（买）已经被废弃，取而代之的是来源完全不同的 acheter、comprar，等等。一位学者曾企图用这些词语的演变过程来证明西方社会的商业体制是从古罗马演变而来的。他自以为有能力证明这类涉及面极大并富有独创性的论题，要是他自问一下能否孤立地研究语词转变这个事实就好了。源于拉丁语的语系往往省略短音节的词，微弱的非重读音节使这些词渐渐销声匿迹，这是一种纯粹由语音性质导致的现象。将变幻莫测的语音现象与经济发展的特征混为一谈，那就太荒谬可笑了。

许多社会因素使词汇的统一难以实现。在中世纪这样分散的社会里，一些基本相同的机构名称却往往因地而异。即使是今天，在农村方言中，对一些完全相同的事物和普遍流行的习俗也有不同的称呼。例如，我现在居住的中部地区把村庄叫作 hameau，北方则称为 bourg，这种用词的变化是值得研究的，但历史学家如果必须使自己的术语与它们一致，那将损害历史学语言的清晰，而且，就等于没有履行自己主要的职责——分类归纳。

与数学和化学不同，历史学并没有那些与民族语言无关的符号系统以供自己使用。历史学家都说本国语言，要是他遇到一个用外语表述的事物，就得把它译成本国语，如果那个词指的是常见的事物或行为，那么译出来也不会有很大障碍。词汇的“现款”是最容易等值交换的。然而，制度、信仰、习俗之类在特定的社会里起着极大的作用，要将这些词译成另一国度的语言难度很大，并且很容易出错，因为，对应的词必须以相似性为前提。

在确实译不出的情况下，为了正确解释是否只好用原词呢？是的，有时这样做也是可取的。1919年，人们看到魏玛共和国的宪法仍保留着 Reich（帝国）一词，并以此指德国，为此，某些法国的共和主义者大声抗议道：“多奇怪的共和国，居然还自称帝国。”事实上，Reich 并不指有皇帝的帝国，由于这个词与德意志政治史上时分时合的状况有直接的关系，因此，对于民族历史与它完全不同的语言来说，要将这个有特殊含义的德语词汇贴切地译出来几乎是不可能的。

这样机械地移植外语固然方便，但不能成为惯例，且不谈语言的确切性，历史著作中充塞着外来语就令人头痛了，这就像某些乡村小说家，他们用惯了方言，不时会在小说中插入几句土话，让人看了不知所云。不再努力寻找对应词将有损于正确反映事实。可以用法语的 serf（农奴）或其他有关的词来称呼 18 世纪沙皇俄国的 Krepostnoi（农奴制），而这个对应词其实很不贴切。在沙俄，这种制度会使依附于土地的农民逐渐沦为真正的奴隶，在法国，虽然这种人身依附关系也十分严重，但绝不至于剥夺个人的一切权利，几乎可以说，沙俄的农奴制与法国中世纪的农奴制根本就没有共同的地方。可是，简单地照搬 Krepostnoi 一词并不能解决问题。在罗马尼亚、匈牙利、波兰乃至德国东部地区，均有与沙俄十分相似的农民人身依附关系。对此，难道我们必须逐个用罗马尼亚语、匈牙利语、波兰语、德语和俄语来表述吗？

这样做仍然不能解决问题。只有依靠正确的术语才能反映事实之间内在的联系，从而做到名副其实。

虽然标签选得不够好，可总得有一个共同的标签，而且必须用本国语言来写标签，不能全都照搬外来语。在这方面，消极无为的态度是不可取的。

许多社会都存在双重等级的语言，一文一白并行不悖。后者通常用于思维和讲话，在写作时就会有所取舍了。从 11 世纪到 17 世纪，阿比西尼亚人书写用古兹语，讲话用阿姆哈特语。希腊语曾是东方文化的一大语种，经常云游四方的福音传教士书写用希腊语，交谈则用阿拉米语。在中世纪的欧洲，拉丁语曾长期作为官方用语和书面语。这些书面语或承袭于已消逝的文明，或取之于邻国，传教士和书记员必须用这种语言来表述许多原本不是用这种语言来表述的事物，便借助一整套词语转换系统来达到目的，当然，这种词语的转换难免十分牵强。

除了实物之外，正是这些文字记载使后人得以了解古代的社会。在我们眼中，盛行双重语言的社会就像蒙上了一层面纱，有时还会增加一层幕布。威廉（征服者）曾下令实行土地整理制度，那时的调查清册《末日审判书》就出自诺曼底和曼恩的书记员之手，他们不仅用拉丁语来记载英国特有的制度，而且，首先用法语来加以思考。历史学家如在译读文献时遇到这类术语，就只有采取还原的办法，舍此别无他途。假如文献所用的对应词一直是很贴切的话，还原还比较容易。从编年史家所写的“执政官”这类词不难看出实际指的是法官。不幸！情况不会总是那么顺利。11 世纪、12 世纪特许状中的 colonus（自耕农）指的是什么呢？那是一个无意义的问题。这个词并不是从人们日常用语中派生出来的，因为它已经不再用来表述任何有生命的概念，当时公证人往往用典雅的拉丁语表述一系列不同的法律和经济状况，这只不过是翻译时所惯用的一个词语。

两种截然不同的语言之间所出现的对立，实际上正是一个典型的例子，反映了词语对应的情况，这又是任何社会都共有的。即使是像法国这样统一性很强的国家，其中每一个不同的职业小圈子，每一个由不同的文化素养、不同的经济收入构成的阶层都有独具特色的表述方式。并非所有的社会集团都会用文字记下他们的活动，或者说就是写了也未必有机会传诸后世。谁都知道，官方的司法审讯并没有原封不动地照录被审者所说的话，法庭的书记员几乎当场就开始整理口述的内容，使之符合语法结构，并删去一些在他看来太粗俗的话。历史上各大文明也都有自己的"书记员"，我们首先听到编年史家的声音，而最突出的声音是法理学家发出的。我们不要忘了，他们所用的词汇以及用这类词汇进行的分类归纳大都经过一番推敲润饰，而且通常会受到一些传统的不良影响。在有关加洛林王朝时期采邑的文献和教会法规中，术语相当混乱，而且可能是杜撰的。假如我们用不着苦苦钻研这些术语，而能亲临当时的村庄，听听农夫们是如何互相谈论自己生活状况的，或听听领主们是如何描绘其侍从生活状况的，我们肯定会大吃一惊。学者与法理学家的记载具有相当的分量，而这种日常交谈用语本身当然无法描绘出总体的生活景象，但它至少能反映他们基本的思想感情。无论是面对昨天的上帝还是面对今天的上帝，只要我们能亲耳倾听到卑贱者真诚的祈祷，都会使人大受教益。自然，还要有个假定条件，这就是他们知道如何不加雕琢地一吐心曲。

最后，还有一个很大的障碍：世上最困难的事情莫过于自我表述。要以准确无误而又简明扼要的词汇反映周围千变万化的现实生活，这绝非易事，一般的常用语只能大致反映事实。人们总以为宗教用语的含义一定十分精确，其实也未必尽然。只要调查一下法国宗教的现状就会发现，连博学的布莱斯也被迫用一些更精细的界定来取代过于简化的符号——"天主教"一词。这值得

历史学家深思，他们往往以自己确信的（有时或时常是从自己不信的）观点出发，十分教条地对待伊拉斯谟的天主教教义。某些至关重要的事实，至今尚未找到贴切的词语来加以表述。当今的工人开口闭口就是“阶级觉悟”，尽管这个词组也未必十分确切。我认为，在旧王朝崩溃之际，这种意识以及由此而导致的团结一致在法国北部农民的身上表现得最为强烈，从各种各样的请愿书和某些有关 1789 年的回忆录中，我们能听到那种愤怒的回声，然而，却没有一个专有名词来形容它。

总而言之，文献的语言本身仅仅是另一种形式的证明，也无疑极有价值。但和其他史料一样，它也不是完美无缺的，还必须经过考证。每一个重要的术语，每一次独具特色的文风转变，都有助于加深人们对历史真相的认识，但要做到这一点，就必须将语言现象与一定的时代、社会或作者的习惯用法联系起来进行考察。对于古代的文献就更应如此，否则就很可能弄错年代。12 世纪的王室涂油礼被认为是一种圣礼，“圣化”一词具有重大意义，但在当时并未具有当代神学所赋予它的含义，如今，“圣礼”的定义已十分明确。其他有关的词汇也同样如此。虽然事物的存在先于命名，但命名的意义也非同小可，它标志着人们达到自觉认识的关键阶段。当信仰一门新教的人自命为基督徒时，这简直就是一次飞跃。浮士蒂尔·古朗治等老前辈已在“历史语义学”的研究方面给后人留下了一些成功的范例，从那以后，语言学的方法已大大发展，但愿年轻的学者能再接再厉，乐此不疲，并将这种方法扩展到近现代史的研究领域，不断开辟出一片片新的处女地。

虽然，词语无法十分精确地反映事物，但毕竟与现实紧密联系，不运用大量的名词，根本就无法描绘现实生活或作出正确的解释。我们千万不要效法中世纪那些令人厌烦的翻译者，要说法官就该用“法官”一词，若涉及古罗马的历史就用“执政官”一

词。一旦宙斯断然将朱庇特从学者嘴边放逐，我们对希腊宗教的理解就取得很大进展，但这种做法只适合制度、技术和宗教的细枝末节。如果认为文献中的术语完全有能力主宰我们的世界，这就等于承认它们已为我们提供了现成的结论，若真是如此，历史学将无所作为。好在事实并不是这样的，所以我们不得不为历史学努力寻求宽广的分类结构。

如今，已有一整套专门的术语供我们使用，这些术语力图超越任何特定时期的含义。几代历史学家曾不自觉地对这些术语加以修正和提炼，使许多不同时期、不同起源的词素融为一体。“封建的”和“封建制度”最早是法律术语，布兰维里耶把这个18世纪法庭里的行话写进自己的著作，后来孟德斯鸠也用了这个词，结果就勉强成为一种社会结构的代名词，而且这种社会结构本身也没有很好的定义。“资本”原是高利贷者和会计师的用语，早期的经济专家扩充了这个词的含义。“资本家”一词是由最初的股票交易所里的投机商人留下的，而“资本主义”（Kapitalismus）却是一个新造的词，它的结尾正好揭示其起源，今天它已成为经典著作的常用语。“革命”原指天文学上的公转，如今，它的词义已包含强烈的人文色彩，在天上，它指周而复始的天体运动，在人间，它指一往无前的社会大变动。“无产阶级”一词带有古代的风格，法国大革命时期，人们从卢梭的著作里找来这个词，马克思又从巴贝夫那里加以沿用，并给“无产阶级”打上他永久的烙印。美洲的原始部落教给我们“图腾”一词，澳洲的原始部落则传来“塔布”（禁忌）一词。面对这些人种史上的适应性变化，某些历史学家却仍然抱着崇古主义恋恋不舍。

不同的词源和词义上的转化并未给人们带来不便，一个词的价值在于它的用途，而不在于它的来源。如果说，在最广泛的应用范围内，“资本主义”也远远难以包含那些由借贷资金起作用的经济制度，假如说，“封建”一词通常所特指的社会不再以采

邑为主要特征，那么，这与任何科学的普遍习惯也并不相悖。当抽象的代数符号已不能满足要求时，人们只好从复杂的日常生活用语中选取代名词。“原子”的本义是指不可分的物质，物理学家一再用这个词，实际上又在大胆地分解原子，难道人们会因此而责难他们吗？

带有感情色彩的词更为难弄，而这类词又如此之多，强烈的感情往往无助于语言的精确。

许多历史学家也往往会将“封建制”和“领主制”这两个术语搞混，造成了不少麻烦。这就是说，把两种性质截然不同的依附关系混为一谈了。一种指军事贵族的依附关系，另一种指农民与领主之间的依附关系，后者产生较早，持续的时间也更长，而且遍布世界各地。

这个误解始于18世纪。当时，还存在封臣和采邑，但也只是徒具法律形式而已，实际上，在几百年前就名存实亡了。相反，源于同样历史的领主制却依然很有生命力。政治史家没有对两者加以区分，不仅仅是出于误解，更主要的是由于不能心平气和地研究这个问题，他们讨厌其中的年代错误，更讨厌这种制度所包含的压迫势力，一概加以谴责就完事大吉了。然后，也是在18世纪，在同一名义下，法国大革命将庄园制和其他名存实亡的封建制度一起废除了，仅仅留下了回忆，而这种回忆是相当持久的，它生动地描绘了最后的冲突。从此，就形成了混乱。这种观点本来就很偏激，在新产生的偏激情绪煽动下，原来的偏激情绪更加到处蔓延。时至今日，当说到工业的或金融的“封建主义”时，我们又能保持不偏不倚吗？触及当时的历史背景，人们总要回忆起1789年盛夏贵族城堡中燃起的熊熊烈火。

不幸的是，这正是我们许多词汇共有的命运，在不平静的生活中，当公众发生争议时仍会用这类词汇，现在也有人向公众夸夸其谈说资本主义和共产主义是一回事，但他们并不是历史学

家。文字符号的象征意义往往因时因地而异，情感的强弱使其含义更加含混不清。1815 年的反革命一听到“革命”一词就会吓得把头藏起来，而 1940 年的反革命却打着“革命”的旗号来掩饰他们的军事政变。

假设我们的词汇最终达到不带任何感情色彩的程度，那么，就是最擅长运用语言的人也难免出错。我们丝毫不想再次发表“唯名论者幽默的语言”。罗伯特·赛米阿德曾不无道理地认为，这种语言是人文科学的专利品。语言是任何理性认识不可或缺的工具，难道有什么法律不准我们使用这些语言吗？例如，我们要论证“工厂制度”，这时并未因此创造一个实体，而只是在一个名称之下尽量收集具体的事实，这些事实所具有的共性才是存在本身，也就是这个名称所要指的意思。所以，这些专有名词本身是完全合理的，错误往往是在使用的时候才产生。若选词不当或用词太死板，一个本来有助于分析的符号反而会无助于分析，它就会引起时代的误置，而误置时代正是历史科学中最不可饶恕的错误。

通常将中世纪的人们分为自由人和非自由人。然而，“自由”一词在各个时代都有其特定的含义。因此，现在某些历史学家从所谓“标准的”含义出发，也就是从他们对这个词的理解出发，认为中世纪“非自由人”的说法极不妥当，应改称为“半自由人”。如同任何毫无文献依据而生造的词一样，无论在什么情况下，这个词用起来总显得很生硬。不幸得很，这还不是最糟的呢！这种虚假的精确最终必使区别自由与奴役的广泛研究变成多余的行为，要知道，在任何文明社会，这一界线总是不确定的，甚至会因时代和阶级的偏见而变化。但是，其基本的特征之一就是不存在所谓“半自由人”这种中间区域。“半自由人”云云实在是太牵强了。无论是存心制造术语，还是将我们的范畴与过去的范畴混为一谈，将一时的看法视为永恒的标准，强加给历史的

术语最终会变得面目全非。唯有废弃它们，舍此别无他途。

“资本主义”曾是一个很有用的词，但在广泛运用后它的含义就越来越模糊不清了，如能剔除这些模棱两可的含义，这个词仍是很有用的。任意把“资本主义”套用在各个不同的文明社会上，其结果必然是抹杀那些社会原有的特征。16世纪的经济制度是“资本主义”吗？也许是的，但要知道，当时唯利是图的风气弥漫于整个社会，从上层到下层，从小店主、乡村公证人到奥格斯堡和里昂的大金融家概莫能外，然而，当时人们对借贷和商业投机的重视远远超过开办工厂。可见，文艺复兴时期的“资本主义”，在人文结构上，与近代有组织的大工业生产体制及工业革命时期的圣西门式工业体制都是完全不同的。

无论如何，只要指出一个事实就足以引起我们的警惕，如果就“资本主义”论资本主义，也就是说不指任何阶段的资本主义，而指资本主义本身，即带有大写C的资本主义，那么，这制度又始于何时呢？12世纪的意大利吗？13世纪欧洲西部的佛兰德吗？始于富格尔家族时期（15世纪、16世纪）的安特卫普交易所吗？还是18世纪乃至19世纪呢？有多少历史学家，就会有多少资本主义的出生证。资产阶级产生于何时，也有各种各样的众多说法。中学教科书对资产阶级的兴起评价很高，但始于何时又说法不一，为了方便教学，就归为两类，要么说始于腓力四世（美男子）统治时期或路易十四时代，要么是于1789年或1830年。难道前后不是同样的资产阶级或同样的资本主义吗？

这样，就击中了问题的要害。丰特奈尔曾一针见血地说：“莱布尼茨曾对其术语下过精确的定义，可这样一来，他就被剥夺了偶尔滥用这些术语的惬意的自由。”惬意或许有之，危险也必定存在，对这种所谓自由，我们可实在太熟悉了。历史学家很少对术语加以定义，也许他认为没必要这么谨慎，或认为被运用的词汇本来就经过严格的定义。然而，事实并非如此，即使在用

一些关键性词语时，也大都受本能的支配，他任意扩充、限定乃至歪曲了词义，却不向读者说明，甚至连他自己也未必完全清楚地知道。从中国到荷马笔下的古希腊，世界各地的“封建主义”究竟指什么呢？在大多数情况下，它们之间的相似之处实在不多，这是因为每一位历史学家对“封建主义”都有自己的理解。

然而，即便我们加以定义，通常也是各有各的定义。经济学家约翰·梅纳德·凯恩斯思维敏锐，见解独到，以他为例最能说明这个问题。几乎在凯恩斯每本著作的卷首，他都要将一些含义很明确的词汇占为己有，赋予它们新的含义，同一个词在其不同的著作中又有不同的含义，而且有意与通常的词义相异。由于长期以来一直与小说、戏剧之类纯文学并列，人文科学似乎在其奇幻的思路里还保留着顽强的艺术个性。难以想象一位化学家会说：“必须由两种元素组成一个水分子，一类有两个原子，另一类有一个原子，在我的词汇表中，前者应叫氢原子，后者应叫氧原子。”而无论怎样定义，永远也不可能把历史学家各具个性的语言放在一起，形成一类历史学的语言。

事实上，有些专家小组（语言学家、人种学家、地理学家）在这方面已努力作了些有计划的尝试，相对来说，这些学科还比较年轻，似可避免那些传统的陋习。历史学也可由此获益，作为整体的综合的中心，它总是善于提供服务和实例。我们寄希望于他们，更希望这种良好的愿望能为大家接受。无疑，通过不断的理解，我们能够澄清术语的含义，逐渐使定义更加明确，这一天终会到来。即使到那时，学者的个性也还会反映在词语的选择上，除非他像编年大事记的作家那样逐月逐日地蹒跚而行。

时代的划分往往以统治者的更替、王朝的征服为界，中世纪人的集体记忆总离不开《圣经》中有关亚述、波斯、希腊和罗马四大帝国的神话。如果说它也算一种历史体系的话，那么，这种体系也是十分牵强的。它以宗教文献为根据，不仅延长了虚构的

罗马统一的幻想，而且降低了耶稣受难在人类历史进程中的地位，其重要性还不如罗马边省掠夺者的一次胜利。在当代历史学家看来，这简直是基督教社会的一个奇怪悖论。在民族史中，国王的更替就成了分期的界线。

这种习惯根深蒂固，1900 年左右法国历史学派的代表作《法国史》仍然以王朝的更替、君主的去世作为线索，把这些视为重大事件，记载得十分详细，并以此作为历史的间隔号。当历史上不再有国王时，人们就以政府为线索，好在政府也是会倒台的，于是革命就成了历史分期的标志。最近，有许多历史教科书根据国家的优势来划分近代历史，而这所谓"优势"不过是昔日"帝国"的改头换面而已，更无须指出，那种划分法实质上是指西班牙、法国、英国在外交和军事上的"霸权"。反正，想怎么划分就能怎么划分。

然而，早在 18 世纪，人们就对这种历史提出了异议。伏尔泰写道："在高卢的 400 年间，似乎除了国王、大臣和将军，其他任何事物都不值一提。"后来，逐渐出现新的历史分期法，它摆脱了帝国和王朝的束缚，以重要的历史现象为依据，如现在既把"封建主义"作为时代的标志，又把它作为社会制度的标志，其中尤以"中世纪"一词最富有启发性。

"中世纪"在古老的词源里就带有"中间"的意思，它原是半异教先知书中的用语，他们在 13 世纪曾吸引了许多精神困惑的人。基督转世标志着旧世界的终结，但是天国尚未建立，人们仍在为那一天的到来而努力，所以，现阶段只是一个中间时期。早期的人文主义者显然很熟悉这个具有宗教象征意义的词，却挪用这个词来指人间俗世，在他们看来，从某种意义来说，圣灵的王国已经降临，那就是古典思想和文学的"复兴"，它使许多杰出人物为之倾倒，例如拉伯雷和龙萨。"中世纪"已经结束，它只是代表从丰富多彩的古典世界到新时代之间漫长的过渡阶段。

这种说法一开始并不流行，几十年来只在少数几个学术圈子里为人称道。直到17世纪末，德意志有一位文风朴实的作家克里斯道夫·凯勒，他在自己写的通史中，用“中世纪”一词来表示始于罗马帝国灭亡止于文艺复兴初起的这段历史。不管它是通过什么渠道传播出去的，反正这种“中世纪”的划分法不久就为欧洲历史学界所接受，尤其在基佐和密芝勒时代，法国的历史编纂学更是如此。

伏尔泰不知道这种历史划分法，他在《论各国的立国精神和礼俗》的开头写道：“人们希望最终能克服对罗马帝国衰亡后近代历史的厌恶。”而他这部著作对后世影响极大，其中的论点对后来普及“中世纪”及与之对应的“文艺复兴”划分法有相当的影响。后者作为一个普通名词时，一般指艺术史上的复兴运动，而且往往带有一些定语（如利奥十世或弗朗索瓦一世时期的文艺复兴）。但在密芝勒之前不久，大写的“文艺复兴就标志着整整一个时代”了。“中世纪”和“文艺复兴”是两个时代在观念上是顺理成章的，频仍的战争、宫廷政治、王朝的兴亡构成了中世纪的总体框架，艺术、文学、科学在其中的地位微乎其微；文艺复兴则与之相反，它是人类精神最完美的体现，人文精神的发扬光大成为这个历史性时代的主旋律。在“文艺复兴”这个观念上，最明显地打上了伏尔泰的印记。

但是，有一个严重的缺陷使“中世纪”“文艺复兴”分期法露出了破绽。揭示鲜明的特征，也就包含了判断定性“欧洲社会挣扎于宗教暴政和军事独裁之间，在血与泪的苦海中等待着启蒙的曙光为它带来自由、人道和德行”。孔多塞如是描绘这段历史，人们对此毫无异议，于是就命名为“中世纪”。一旦我们不再相信中世纪是一片“黑暗”，多少年来那里也并非满目皆是不毛之地，那时曾有过丰富多彩的技术发明、艺术创造、思想情感和宗教见解，欧洲的经济最早就在那时开始扩张，欧洲的民族主义也

萌芽于其间，还有什么理由能在那种荒谬的概括下把那段历史（中世纪）一笔抹杀呢？不能把克洛维统治时期的高卢和腓力四世（美男子）统治下的法国混为一谈，又怎能将阿尔昆、托马斯、奥康姆之类牲畜一般的“蛮族”拥有的珠宝，与查特斯堡的雕塑，与加洛林王朝时期热闹的市镇，与热那亚、布鲁日和吕贝克新兴的资产阶级混为一谈呢？实质上，“中世纪”一词只有低级的教学功能，可作为学校课程安排的一种方便说法，或者可作为知识技能的一种标志，而传统的分期法又往往对其范围定义得不够明确。一个中世纪专家应该能解读古文献，考证特许状，掌握古法语。具备这些能力当然很重要，但是，面对一门真正的科学，要研究其精确的分期法，光靠这些素质还是远远不够的。

谈到年代分期的混乱，最近还有一种时髦的倾向，人们喜欢以世纪来标志时代，我以为这种倾向有弊无利，因为它缺乏合理的基础。

“世纪”一词早就与精确的年代列举法脱离了关系，其词源带有神秘的暗示，它与《第四牧歌》和《末世经》里的那个词发音相似。当历史学得意而缓慢地度过“伯里克利世纪”或“路易十四时代”时，或许它并不在乎年代的精确性，这种观念至今仍未完全消失，然而我们的语言已变得更为精确，不再以英雄的名字作为时代的标志。从某一特定的年份或从 1 世纪开始，我们仔细地以每百年为单位进行推算，于是，13 世纪的艺术、18 世纪的哲学、“愚蠢的 19 世纪”出现了，这类戴着数字面具的脸在历史著作中时隐时现，谁敢夸口说自己从未受其诱惑，从未由于贪图方便而沦为它的牺牲品呢？

以“01”年结束的历史分期法，最好能与人类历史发展的转折点正相吻合，不幸的是，没有一条历史法则能证明这一点，因此，就产生了一些可笑的曲解，不久前，我在一个学生的考卷上读到这句话：“18 世纪始于 1715 年，止于 1789 年。”我不知道这

是出于天真的无知还是故作聪明。不管怎样，这正清楚地暴露了以世纪来划分历史时期的怪诞之处说什么“18 世纪的哲学”，其实，这种哲学早在 1701 年之前就产生了。《神谕的历史》发表于 1687 年，培尔的《历史与批判辞典》于 1697 年问世。名称总代表一定的意思，乱贴商标必然引起商品混乱，这是最糟的事情。中世纪专家常说，“12 世纪的文艺复兴”，那时的确发生过一场伟大的思想运动，然而，若这样来表述，就很容易使人忘记这场运动实际上始于 1060 年，因此，也就忽略了某些重要的联系。总之，我们似乎是要把任意选择的、如钟摆一般千篇一律的节奏强加给历史，这种所谓的规律性与历史本身的发展是完全不相符的，也是行不通的。在这方面，历史学界的确还做得很不够，我们必须设法加以改进。

只要我们的研究界定在时间的序列和现象的范围内，那么，不管这段时间的长短如何，问题就变得十分简单了，应根据现象本身来划分适当的阶段。不是有“腓力二世时期的宗教史”和“路易十五时期的经济史”吗？为什么就不能有路易·巴斯德的“格雷维总统第二次任期内我的实验室日志”呢？或者相反，“从牛顿到爱因斯坦时期的欧洲外交史”又怎么样呢？

当然，不难理解，以帝国、国王或政权作为历史分期的标志自有其潜在的吸引力，它们具有某种威望，这与长期以来权力的行使密切相关。诚如马基雅维利所言：“这种行为具有政府或国家法令特有的威严。”何况，一次登基、一场革命往往发生在某年甚至在某日，而学者又喜欢明确的日期。这种分期法既能减轻对叙述含糊不清的本能恐惧，又能借此聊以自慰。他希望读到并能核实与课题有关的一切，如能手执日历翻阅文献，将它们分为“之前”“其间”或“之后”，那真是太轻松啦！

注意！不要去崇拜虚假的精确偶像，最精确的测定未必是最小的时间单位，而是最能反映事件本质的东西。在时间上，我们

总认为一年比 10 年更精确，甚至认为一秒比一日更精确。每一事物均有其特殊的衡量标准，也就是说自有一套特殊的“10 进位”。社会结构的变态，以及经济的、信仰的和思想倾向的变态，都不可能与编年的顺序完全同步，否则，就必然要歪曲历史。大约在 1875 年至 1885 年，西方的经济发生了非常深刻的变化，其标志是首次从海外进口大量的小麦和德美工业第一次大幅度增长。我这样写，是以事实所允许的最近似的年限为依据的。如还要举出所谓更确切的日期，就会与事实相悖。即使是以 10 年为单位进行统计的平均数，也未必比一年或一周的平均数更为粗糙。它不过是反映了现实的另一个方面而已。

而且，某些历史现象的发展阶段在表面上似乎是大相径庭的，在实际的进程中却并非不可能互相重叠。法兰西第二帝国的诞生是否迎来了新经济时期呢？桑巴特认为，资本主义的兴起就意味着新教精神的勃发，这有没有道理呢？蒂埃里・莫尼埃发现，民主政体正是同样的资本主义（虽然在我看来未必完全相同）在“政治上的表现”，这又对不对呢？无论这种巧合是多么令人怀疑，我们也绝不可头脑僵化，将这类观点拒之门外。只是不应在事先就假定这种联系。涨潮退潮确实与月亮的圆缺有关，然而，要了解其中的关系，首先必须分别搞清潮汐的周期和月相变化的规律。

反之，若从整体来考虑社会的发展，能否将其视为连续的阶段呢？重要的问题在于发现主旋律。在此，只能提出一些或许可行的分期法。不要忘了，历史学作为一门科学仍然处在分娩的状态。

在同一时期和相同的社会环境中出生的人必然受到类似的影响，在思想尚未定型的年龄更是如此。经验证明，无论是对一组较年长的人还是对一组较年轻的人进行考察，他们的行为通常都会清楚地表现出某些引人注目的特征。即使在他们的观点截然相

反时也同样如此，当他们互为对立面就某一问题激烈争论时，也反映出相同的行为特征，相同的烙印来自相同的时代，从而造就了“一代”人。

社会不是单一的事物，它分成不同的社会阶级，而同一代人并不总是同一阶级的人。影响一个青年工人的各种社会力量，对一个青年农民难道也会起同样的作用吗？即使在联系最紧密的文明社会，思想的传播也是相当缓慢的。我父亲1848年生于斯特拉斯堡，他曾说：“我年轻时，那些在巴黎已过时的东西，在外省却十分时髦。”这个例子表明，通过对比无非显示一方滞后于另一方。当人们说法国这一代人、那一代人的时候，就等于在提出一个复杂的甚至是自相矛盾的概念，不过，其中当然包含着共有的主导因素。

尽管某些作家抱有毕达哥拉斯式的幻想，但“代”的分期显然不是那么均衡的，社会变化的节奏时快时慢，“代”的期限也时长时短。历史上有些“代”较长，有些则较短，要通过研究才能发现“曲线”的转折点。我的大学注册日自然可以算一个转折点。我早就发现，在许多方面，我与高一级的同学很相似，而与下一级同学则不同，我班同学自称是最后一批属于“德雷福斯案件”时代的人。生活的经验与这种想法并不矛盾。

代与代之间难以互相渗透，因为在同样的影响下，个人会做出不同的反应。对于我们的孩子，很容易根据年龄把他们分为战前的一代和战后的一代。当然，也不能一概而论，那些介于青年与童年之间的少年人，对事件的感受就因各自的性情而异，早熟者实际上属于“战时的一代”，反之则属于“战后的一代”。

因此，“一代”这个概念极有弹性，任何想要正确反映人类事务的概念莫不如此。它与人们感受到的具体现实相对应，有些学科如“思想史”“艺术流派史”等早就本能地应用“代”来划分时期，由于这些学科的性质，它们特别厌恶以王朝和政府为标

志的历史分期法，渐渐的，就必然向理性地分析人类发展史迈出了第一步。

然而，“一代”仅仅代表一个相对较短的时期，长时期就称为“文明”。

吕西安·费弗尔使人们了解了“文明”这个词的历史，而这个词的历史显然不能同这个观念的历史相分离。“文明”这个概念是缓慢地与价值判断相区别——更精确地说，相分离的。我们还是从文明的本义出发，把它视为一种理想，视为人类通往太平盛世的艰难阶梯（可叹的是，我们已不像前辈那么充满自信了）。但是，我们又把“文明”视为复数的形式，视为一种现实的存在。从这点出发，我斗胆说：必须承认，存在着由不文明的人组成的“文明”。因为，无论是什么性质的社会，一切事物都是互相制约、互相联系的，政治、经济的结构与信仰及思想最基本、最微妙的反映都概莫能外。基佐曾写道：“在其中心，各种势力交织在一起。”应把这种复合物叫做什么呢？18世纪创造了“文明”一词，以代表尽善尽美的境界，随着人文科学变得越来越具有相对性，虽然“文明”还未失去它的原意，但也已经适应新的含义。它的原意只是作为人类理想的回声而被保留下来，其价值也不容忽视。

比较一下域外文明的特征，文明的对立面就会清楚地表现出来，今天，谁能否认存在着一个中国文明呢？谁又能否认中国文明与欧洲文明大不相同呢？即使在同一区域内，社会复合体的主要形态也会突然发生程度不同的变更，一旦发生这种变更，我们就称之为一种文明接替了另一种文明。有时会发生外部的震荡，它通常伴随着新的人为因素的介入，从罗马帝国到典型的中世纪社会都有这种现象。有时仅仅发生内在的变化。尽管我们从文艺复兴中继承了丰富的遗产，但谁都明白，文艺复兴时期的文明不等于当今的西方文明。当然，要表现这变化的色彩也绝非易事，

我们无法用概括性的标签来加以表述。“主义”之类的后缀词用起来虽然方便，但 Typismus、Konventionalismus 这类生造词，却使卡尔·朗普勒西特的《德意志史》在描绘历史演变时所作的一些明智的尝试付之东流。泰恩早些时候也犯过同样的错误，他的著作里有一些只有他自己才明白的“起主要作用的概念”。这使今人大为吃惊。然而，不能因为某些尝试的失败就放弃这种努力。将历史的特征表述得更为精确是研究工作的分内事。

总之，人类的时间不会千篇一律地永恒不变，也无法像钟表计时那么划一死板。事实要求的测量标准能适应其节奏的变化，界限又要有很大的回旋余地。有了这种可塑性，历史才有希望进行分类，也就是如柏格森所言，逼近“现实的轮廓”，严格地说，这也是任何科学的最终目标。

第五章　历史的因果

实证主义徒劳地宣称要将“原因”这个概念从科学里根除出去。不管是否愿意，任何物理学家、生物学家都要用“为什么”“因为”这些词来进行思考，历史学家也无法回避这些共同的思维规律。有些历史学家如密芝勒倾向于将历史描绘成伟大的“生命运动”，而不是按逻辑的模式进行解释；另一些历史学家却喜欢炫耀他们的归纳和假设；遗传的联系使事物一脉相承，我们本能地要求了解由因果联系所确立的事实，但这并不是说可以完全凭直觉来从事研究。如果因果关系玄虚难辨，那么，就需要自觉地用批判的方式论述一下如何利用因果关系，将它作为认识历史的工具。

假设某人沿着山路行走，不慎摔了一跤，从悬崖上掉了下去。事故是由很多因素造成的，如重力作用，因长期地质变迁形成的地形，还有那条从某村庄通往夏季牧场的山路，等等。如果天体力学法则是另一种说法，地球的演变不是现在的样子，如果牧群的季节性迁徙也不是高山地带的基本经济基础，那么，就完全有理由说，这场事故肯定不会发生。然而，在调查事故原因时，任何人都会答道：“失足。”“失足”并不是事故发生的唯一必要前提，还存在许多必要的条件，但是，“失足”这个前提具有一些引人注目的特征，从而与其余条件区别开来，它是最后才

发生的，从常规看来，它又是最短暂、最意外的因素，也是最可能避免的。由于以上原因，“失足”直接造成了这场事故，人们自然感到这才是事故唯一的真正原因。人们在谈论原因时，常用拟人的说法，从一般的观点来看，这最后一刻的因素，也就是特殊的难以预料的因素，就好比雕塑家在材料全部准备好之后进行的一次性成型。

历史的推理在当代实践中与上述做法并无二致，不管这有多么必要，那些最常见、最普遍的前提条件仍然往往不被人们注意。地心引力对形成炮弹的抛物线的作用，人体的生理构造与子弹如何击中要害的关系等，在分析战争胜利的因素时，军事史家会考虑这些因素吗？为了方便起见，人们把比较特殊的、持续时间较长的前提称为“条件”，而把那些与总体作用力相异的因素归到“原因”名下。例如，安德鲁·博纳·劳为英国首相时发生了通货膨胀，人们会说：这就是物价全面上涨的“原因”，而在经济情况较好的法国，那只能算个“条件”。滥发纸币使货币贬值，导致物价上涨，它是通货膨胀的先决条件，又延长了通货膨胀的时间。

无疑，应有一条可信的原理可以用来研究这种区别。详细论述普遍的前提条件又有什么用呢？这类现象实在太多，难以在它的谱系图上为哪一个留下特殊的位置。我早就知道，空气中缺氧就不能燃烧，而我的兴趣在于发现火是怎样被点燃的。弹道原理既能说明战败也能说明战胜，正反都可以解释，因此，在解释胜负原因时它是无济于事的。

然而，把原因分成各种等级只是为了便于思考，而不能将分类绝对化，现实具有无限的多样性，各种因素往往汇集在一起作用于同一事物，我们会发现某些因素很有特性，实际上它们也值得人们注意，但这总是一种选择，在所谓与“条件”对立的“重要的原因”这一概念中，显然含有非常任意的成分。西米昂相当

讲究概念的精确性，他曾试图给概念加上十分严格的定义（在我看来他的尝试没有成功），最后也不得不承认这种区分具有极大的相对性。他写道："在医生看来，时疫的原因在于细菌的繁殖和由贫困导致的肮脏及体质虚弱。在社会学家看来，贫困才是'原因'，生物因素只不过是'条件'。"这就坦率地承认，观察的重点取决于特定的研究角度。请注意，在进行历史研究时，人们往往迷恋于寻找单一的原因，便错误地将原因归结于某一个，这样，就成为一种价值判断。法官常说"谁对谁错呢？"学者则满足于提问："为什么？"他承认答案不会那么简单。无论是一般的偏见，或逻辑学家的假设，还是律师起诉的习惯，原因一元论对历史研究都是有害无益的，历史学就是要探索错综复杂的原因，它并不害怕发现原因的多元性，因为生活本身就是多元的。

历史事实在本质上是心理上的事实，因此，能在其他心理的事实中找到它们的前提条件。诚然，人类的命运建筑在自然界之上，并必然受到自然界的影响。然而，即使外部的干预十分强烈，人和人的思想也能减弱或加强它的作用。黑死病的病毒是使西欧人口骤减的主要原因，但正是在一定的社会条件下，疫情才会如此迅速地蔓延。所以，从内在的本质看，这也是由思想条件造成的，只有通过研究集体情感的特殊倾向，才能解释它的道德后果。

然而，没有一门心理学以纯意识为限。读了某些历史书会使人感到人类似乎具有合乎逻辑的意志，行动的理由也毫无神秘难解之处。只要看看对人们心理状态和潜意识的调查实况，就会进一步证明那种永恒的困难，多种科学在试图互相保持同步前进时对这种困难都有所体验。有一种过时的经济理论，其中有一个错误时常遭到人们的抨击，在此，且以夸张的形式重提一次：所谓"经济人"，是一个空洞的幻影，因为在设想中他一心只顾自己的利益，更荒唐的是，他被想象成能够形成关于自我利益的清晰概

念。拿破仑曾说："最难得的莫过于计划。"当前，压抑沉闷的精神氛围笼罩着我们，这难道是来自我们心灵中的理性成分吗？如果，不论在何时何地总是把原因归为动机，那么，必然会大大歪曲历史的原因。

在不少历史学家的观念中存在着可笑的矛盾，当需要确证某事是否真的发生过时，他们不去进行刻苦的研究，却提出一些理由，这些理由无非是极肤浅的表面现象，而且往往以一些平庸的心理学准则为依据，而这些准则也未必比其对立面更具有说服力。

德国的格奥尔格·齐美尔和法国的弗朗索瓦·西米昂都是批评家，在哲学上均颇有造诣，他们曾揭露过一些人的"预期理由"来聊以自娱。一位德国历史学家曾写道：埃贝尔派一开始完全拥护罗伯斯庇尔，因为他满足了该派的愿望。后来，埃贝尔派又和罗伯斯庇尔决裂，因为该派认为他的权力太大了。正如齐美尔所指出：实际上，这暗示了两个前提：恩惠引起感激，人民不愿意被统治。这两个前提不一定是假的，但也不一定是真的。同样，也会有如下可能性：过分迁就一个派别的要求，结果反而使他们蔑视你的软弱，而不是对你感恩戴德。另一方面，哪怕是出现稍微冒犯权力的反抗，某些独裁者不是也要加以镇压吗？一位学究气十足的哲学家曾把权威比喻为："它是一个蜡鼻子，不是向左歪，就是向右斜。"通常所谓真实的心理也无非是这么回事。

这是一种与虚假的地理环境决定论大体相似的错误，现在，地理环境决定论已没有市场了。无论是在自然条件下，还是在社会条件下，人类的进程不会像时针那样一直朝着同一方向前进。勒南曾提出与众不同的观点，他指出：沙漠地带也未必一定信仰同一种宗教，因为居住在沙漠中的人并不以同样的精神对待周围环境。缺水的区域反而会聚集农业人口，水源丰富的地方却人口稀疏。除非人们真正把靠近泉、井、塘作为头等重要的大事，否

则，人们往往首先考虑安全或协作，甚至仅仅是为了群居，而不愿与其他部落靠得太近，哪怕那里有丰富的水源；或者相反，如撒丁地区，人们把住所造在自己的小花园中间，他们喜欢离群索居，而宁肯绕远路去打水。实际上，人类本身不正是千变万化难以捉摸的吗？

但是，请不要误解，在这种情况下，错误也不在于解释本身，而在于先验地接受任何解释。迄今为止，上述那种事例并不多见，很可能在一定的条件下，水源的分布决定了人们的居住地点，而没有其他因素。埃贝尔派的动机或者确如历史学家所言，那也不是绝对不可能的。错误在于把假设变成了先入之见。它需要证实，我们没有理由出自偏见断定那是行不通的。一旦提出证明，就必须深入挖掘，分析原因，分析各种可以想象的心理态势，从中找出曾经左右整个集团的特殊原因。只要承认思想和情感的反映并不是不言自明的，我们就不得不做出真正的努力，在思想情感有所反映的地方努力发现它的原因。总而言之，历史的原因不是想当然的，它需要我们去探索……

再版后记

10年前的事情已渐渐为人淡忘，10年前译的一本小书还能有幸修订再版，这只能说是译者借了作者的光。

10年来读史阅世，学问不见丝毫长进，眼未高，手更低，心气早已今非昔比，思想的困惑更是有增无减。近日“禽流感”之声不绝于耳，从人对鸡的处置是否多少可以窥见人对人的态度呢？马克思说：“人体解剖对于猴体解剖是一把钥匙。”对猴群活体的研究，对人与动物关系的剖析，也未尝不是一把了解人类历史和现状的钥匙。

马克·布洛赫颇重视“人心”的研究，可惜他英年早逝，没能留下这方面的专著。年鉴学派的中坚人物布罗代尔倒是公开承认：“我的历史观是悲观主义的。”“人们每前进两步，又后退一步，甚至两步”。年逾80的汤因比谢世前最后一篇文章的题目是“在黑暗中摸索”。可见“四十不惑”云云，只能是相对而言。仰观宇宙之大，俯察品类之盛，连耄耋之年的大师也未能断言已臻从心所欲的境界。试问今日之天下，谁敢妄称“掌握历史的规律”？谁又不是在“摸着石头过河”？

在上帝眼里，爱因斯坦也如井底之蛙，然而人类并不会因上帝的嘲笑而停止在黑暗中的探索。虽道是人生碌碌，但栖身井底的凡夫俗子，有时也会情不自禁地举目窥天，或许这就是本书得

以再版的理由之一吧。

人，是历史的囚徒。历史，终究是难以忘却的。

译者

2006 年 4 月于上海师大 39 舍

2013年版译后*

翻译名著，译者可以借作者的光。重译名著，新译可以揩旧译的油。

拙译1992年出版后，反响不错，但也有读者指出，此前曾有过台湾译本，大陆译本为何只字不提。似乎译者刻意要隐瞒什么，借这次重版的机会如实交代。当初翻译时，译者的确知道有台湾译本在先，无奈没有本事搞到手，遇到一些难译的地方只能硬着头皮死啃。如果当时能搞到前译，同胞看同胞，也难免会“顺”一些东西。“顺”后也可能装糊涂。君不见坊间多少重译的名著，又有几个译者会坦承“借鉴”过前译。说得好听点是“参考借鉴”，上纲上线，也可以指为“剽窃”，乃至戴上一顶“学术不端”的帽子。不幸也有幸的是，当时即便想“偷”，也无从下手。以我小人之心来度君子之腹，由此怀疑世上许多好人，并非真正道德高尚，乐于行善，或许只是限于客观条件，没有“能力”作恶。不是不起贼心，只奈没有贼术，心有余而力不足罢了。否则就很难理解，一些好人，一朝有权有势，竟会变得那么不堪。人言：一个人做点好事并不难，难的是一辈子做好事。其

---

* 2013年版根据 Marc Bloch: *Apologie pour L'histrire, ou Métier D'historien* (1949) 修订。——编者注

实做一辈子坏事更是难上加难。无怪乎那些超级大坏蛋往往被崇为“伟人”，多少信徒虽不能至而心向往之。

有言道：翻译就像女人，漂亮的不忠诚，忠诚的不漂亮。好像女人漂亮就难免出轨，译文漂亮必有悖原著。其实，既漂亮又忠诚的女人不会没有，既不漂亮也不忠诚的女人倒也不少。翻译无非是为人作嫁，但“作”得好，作者也未尝不可以借译者的光。当然，伴娘再漂亮，终究不能抢了新娘的风头。

译者

2012 年 11 月于春申塘畔

2019 年版译后

互联网时代，世人好换马夹，译者亦不能免俗，小书一本，改了几次译名。当年，上海社会科学院出版社张广勇先生慧眼识珠，相中马克·布洛赫的这本小册子，嘱我翻译。20 世纪 90 年代初，电脑还是个稀罕物，记得译稿是用四通打字机打印出来后交出版社的，印制的初稿在当时也不多见，出版社相当满意。让出版社更满意的是，《历史学家的技艺》大陆中译本问世后，反响甚好，一再加印。三十年前，知识界流行一句话，道是“可以不读书，不可不读《读书》。”译者斗胆将译后感凑成一文，投稿《读书》，不料竟得到沈昌文先生的垂青，亲笔回信予以录用，着实让后生小子得意了一阵。借此东风，这本书的影响也日益广泛，学界大佬将其列入历史学本科生必读参考书。

十年后，与原出版社合同到期。有多家出版社向译者伸出橄榄枝，北京朗朗书房出版公司编辑郝明慧女士以中国人民大学出版社的名义与译者联系，许以版税，首印五千。从其建议，书名遂改成《为历史学辩护》。有幸的是，《为历史学辩护》在当当网热卖了十年左右，赚得读者不少好评。奇怪的是，版权页却始终定格在 2006 年 7 月第一次印刷。个中原因，天知地知。

2011 年 9 月，在谭徐锋编辑策划下，中国人民大学出版社出版黄艳红所译《历史学家的技艺》，简介说明根据法国的新版本

译出。自忖拙译或可寿终正寝，两年后，不料谭编辑找上门来，表示愿意将拙译收入北京师范大学出版社的“西学经典书系”。于是就有了2014年出版的蓝封面《历史学家的技艺》。

前几个月，谭编辑再次与译者联系，表示原合同到期，有意续签，再印新版。考虑到《历史学家的技艺》已经北漂多年，该回娘家了，上海社会科学院出版社也打算重续前缘，结果就婉拒了谭编辑的好意。谭编辑重学术，讲诚信，毫不介怀，依然在他主持的“新史学”公众号上力荐此书。“买卖不成仁义在”，非虚言也。

从北漂到南归，从“技艺”“辩护”再到“技艺”，一本小书，几易其名。因此机缘，译者也多少领略了出版界的江湖气象，结识了各路贤达。惠我负我，知我罪我，终究是你我之间的又一种缘分。借此机会，谨向《读书》杂志沈昌文先生、赵丽雅女士，上海社会科学院出版社编辑张广勇、王勤，北京朗朗书房出版公司编辑郝明慧、曾默之，北京师范大学出版社编辑谭徐锋、赵雯婧一并致谢！

三十年前，译者三十出头，如今已直奔老朽。

好在，读者常新，经典不朽。

2019年5月于松江新桥北竹港边

图书在版编目(CIP)数据

历史学家的技艺 / (法)马克·布洛赫著 ；张和声 ，程郁译 .— 上海 ：上海社会科学院出版社，2019
ISBN 978-7-5520-2771-6

Ⅰ. ①历… Ⅱ. ①马… ②张… ③程… Ⅲ. ①史学—研究方法 Ⅳ. ①K061

中国版本图书馆 CIP 数据核字(2019)第 097875 号

历史学家的技艺

著　　者：[法]马克·布洛赫
译　　者：张和声　程　郁
责任编辑：王　勤
封面设计：周清华
出版发行：上海社会科学院出版社
　　　　　上海顺昌路 622 号　邮编 200025
　　　　　电话总机 021-63315947　销售热线 021-53063735
　　　　　http://www.sassp.cn　E-mail:sassp@sassp.cn
照　　排：南京理工出版信息技术有限公司
印　　刷：上海颛辉印刷厂有限公司
开　　本：889 毫米×1194 毫米　1/32
印　　张：4.5
插　　页：4
字　　数：109 千字
版　　次：2019 年 7 月第 1 版　2024 年 7 月第 7 次印刷

ISBN 978-7-5520-2771-6/K·516　　定价：68.00 元

版权所有　翻印必究

U1003265